班级管理重难点解答

武宏伟◎著

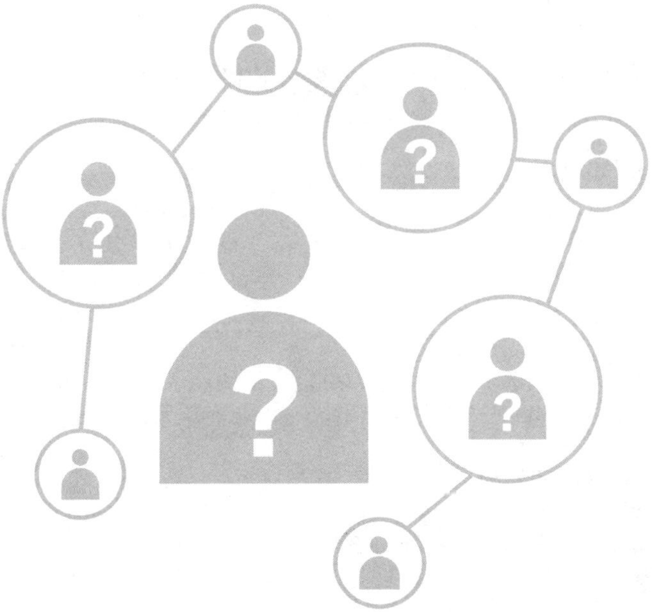

江蘇鳳凰教育出版社
Phoenix Education Publishing, Ltd

感谢您使用本书。您在使用本书时如有建议或发现质量问题，请联系我们。

【内容质量】电话：4008283622

【印装质量】电话：4008283610

图书在版编目(CIP)数据

班级管理重难点解答 / 武宏伟著. —南京：江苏凤凰教育出版社，2020.5(2024.3 重印)

ISBN 978-7-5499-8594-4

Ⅰ.①班… Ⅱ.①武… Ⅲ.①班级—学校管理—问题解答 Ⅳ.①G424.21-44

中国版本图书馆 CIP 数据核字(2020)第 068971 号

书　　名	班级管理重难点解答
作　　者	武宏伟
责任编辑	俞　婷
出版发行	江苏凤凰教育出版社(南京市湖南路 1 号 A 楼　邮编 210009)
苏教网址	http://www.1088.com.cn
照　　排	江苏凤凰制版有限公司
印　　刷	南京顺和印刷有限公司
厂　　址	南京市江宁区麒麟街道天和路 78 号
开　　本	787 毫米×1092 毫米　1/16
印　　张	14.75
版　　次	2020 年 5 月第 1 版
印　　次	2024 年 3 月第 3 次印刷
书　　号	ISBN 978-7-5499-8594-4
定　　价	45.00 元
网店网址	http://jsfhjycbs.tmall.com
公 众 号	苏教服务(微信号:jsfhjyfw)
邮购电话	025-85406265,025-85400774
盗版举报	025-83658579

前言　纲举目张话管理

管理工作千头万绪，何以纲举目张？首先要明确管理工作的核心内容是什么。管理是指组织中的管理者通过实施计划、组织、领导、协调、控制等职能来协调他人的活动，是使别人同自己一起实现既定目标的活动过程。管理的对象包括人、财、物、时间、空间、信息、事件等等，核心是人。明确了这个问题，就明确了《班级管理重难点解答》是以“人”——学生、教师和以教师为身份的班主任这个核心因素为主体，兼及班级管理工作的核心事件——教学而构成的一本书。根据这个结构脉络，本书基本理清了不同群体和事件管理工作的重难点问题，并给出了解决问题的参考答案。

学校发展的根基在班级，班级管理是学校管理的重要组成部分。一个个班级管好了，学校自然就管好了，并且也为学校的进一步发展提供了可能条件，奠定了坚实的基础。

班级管理包括班级组织建设、班级制度、班级教学和班级活动等内容，班级管理虽然是学校管理的一部分，但又是一门相对独立的学问。班级管理，最终为学校发展服务。

针对班级管理的不同对象以及同一对象的不同情况，其工作的思想、原理、技能和方法是不尽相同的。为此，如何在班级管理中能够因人、因事、因时、因地迅速理清重点和难点问题，明确突出重点、难点的一般的方式和方法就显得特别重要。

我从事基础教育近 40 年，变换过 5 个工作单位，从农村到城市，从小城市到大城市，几乎做过学校里所有角色的管理工作，在教育教学管理工作中，我经历了许许多多的事情，遇到了许许多多的问题，也想到了许许多多的方法，把这些所学所做、所思所感的“问题”有选择性地写出来，刊发出来和同事们分享，就成了我工作和生活的常态，也是我人生中的一大乐趣。日久天长，我发表了近 150 篇研究践行教育教学管理类文章，把这些文章进行筛选，归类整理，修改编辑，就有了《班级管理重难点解答》这本书。

《班级管理重难点解答》由学生组织管理、班主任自我管理、班级教学管理等三个部分近50个主题组成，具有如下几个特点。

1. 新颖。本书没有从班级管理的一般过程和方法的角度进行探讨和写作，也没有面面俱到地谈班级管理思想、原理、技能和方式方法，而是基于学生组织、班主任及班级教学的管理过程中遇到的一个个具体的重难点问题是什么，应该怎样解决来构思写作的，是由46篇发表在全国各大报刊的原创性文章的“点”到管理的“面”组合成书的。

2. 独特。从形式上看，本书不是班级管理内容的全部，而是关键问题的集结。从内容上说，不是管理理论的阐述，而是怎么办才能见成效的实践操作，这种格局是与众不同、独一无二的。另外，本书的新颖性、实用性、问答式、百科全书式等特点，也构成了这部著作不同于其他班级教育教学管理书籍的自有特色。

3. 实用。班级教育教学管理没有作为的原因往往是不明白目前要抓什么问题，怎么抓；遇到了问题，又不知道问题的症结在哪里；知道了问题，却又不知道如何破解；等等。工作理不出头绪，有些“老虎吃天，无从下口”的感觉，有了这本书就有了可以查找的工具，进而懂得如何做、怎么做。

4. 问答式。班级管理的核心问题是什么？问题学生怎么办？如何打造优秀班集体？怎样选择时机进行教育？怎样才能成为优秀的班主任？等等。全书采取问答的方式进行解答，凸显重难点问题，干货满满，针对性极强。

5. 百科全书式。这本书覆盖了基础教育班级教育教学工作的方方面面，范围广，种类多，重难点问题凸显，并且每个方面的问题几乎都可以在这里寻找到答案。

《班级管理重难点解答》是我从事教育教学管理工作40年研究、学习、实践的结晶，也是我这么多年经验教训的总结，是理论的提炼和升华。从写作发表此类文章的第一篇开始，到今天的结集出版为止，时间跨度近30年。40年的风雨洗涤，30年的大浪淘沙，沉淀出这本书奉献给大家，是金、是沙，等待您的检查！

尊敬的朋友，您读我的书，是我的荣幸，我要感谢您。假如它再能给您的教育教学管理工作带来些许帮助和启迪，那就说明我还没有白白浪费您的宝贵时间，也没有白白浪费我的时间。若此，则可聊以自慰矣。

2019年4月15日于深圳

目　录

学生组织管理

班主任自我管理

重点

难点

要点

班级教学管理

重点

难点

要点

学生组织管理

班级管理的核心问题是什么?

班级管理的核心问题是组织学生进行自我管理。因为学生不是可以被任意摆布的木偶,而是具有独立人格的生命个体,他们的权利需要得到尊重。作为班主任,应该了解和研究每一个学生发展的可能和需求,让他们的个性获得积极自主的发展,使每个学生在班集体中都能充分发挥作用,这是既"解放"学生又"解放"教师自己的一举两得的好方法。

成功的学生自我管理,应该是班级管理的整体目标已经内化为学生的个体自我约束的目标,整体和个体的目标高度一致,并形成班级管理中的自管和他管的和谐共鸣。

如何实现有效的班级自我管理？

一、要有制度的约束和激励

有了制度，学生的管理才能有“法”可依。一个秩序混乱的班级，必然是一个组织管理混乱、制度不完善或不合理的集体。现行的许多班级管理制度过多地发挥着制约功能，激励功能衰弱，更有许多制度已不适应教育发展的新需要，影响着学生创新型人格的培养，需要改革和创新。好的班级管理制度，既要对学生有制约、评价作用，更要具有激励功能。

班级规章制度的制订要符合国家的教育法规和学校的规章制度；要讲究科学性、严谨性和可操作性；要从群众中来到群众中去；要有相对的稳定性。

二、要建立健全管理体系和模式

组织学生进行自我管理，并落实好班级的各项规章制度，需要有一个与之相适应的班级管理体系和模式。

选拔、任用、造就一支过硬的班干部队伍是班级管理体系中最为关键的环节。班干部的选拔一般有三种方式：班主任指定班干部、民主选举班干部和竞选班干部。具体采用哪种形式来选拔班干部，要根据不同年级、不同情况而定。一般情况下，起始年级需要根据以前的表现和“从政”经历来指定班级干部，因为同学之间、师生之间互相还不了解。一年半载之后就适于民主选举了，以原班干部为主体，优胜劣汰，进行“吐故纳新”式的差额选举。到了小学五、六年级，初高中二年级就适于竞选的方式。

管理是一门科学，作为中小学生来说还缺乏必要的理论知识和实际经验，这就离不开班主任的培养和组织训练。岗位培训一般要经历：学习期，学习班级的各项规章制度，明确自己的工作职责等；试用调整期，要在工作中学习，工作中班主任指导，工作中调整方法及步骤；放手工作期，大胆放手，给班干部提供施展才华的机会，让他们在工作中锻炼自己的才干，提高自己的能力。

由科任教师、班团干部代表、学生代表等组成监督评价委员会，对班干部的工作进行监督与评价，这是有效组织学生进行自我管理的必不可少的举措。平时监督并及时向有关人员反馈信息，是及时矫正管理过失的有效途径。评价一般是在期末对班级干部的“德、能、勤、绩”等方面进行打分，然后再进行定性评议，根据评议状况，及时对班干部进行教育或调整。还可以采取设立意见箱、班级管理日记等方式，让广大同学对学生干部工作进行评议，这样能让更多的学生参与班级管理，不仅可以提高学生的公平意识，还可以使班干部养成自我反思的习惯，以便吸取教训，积累经验，不断地成长。

班级管理监督机制、反馈机制、评价机制三方面虽然有各自独立的体系和任务，但往往又是相互融合进行的。监督检查要有评价标准，检查过后要有反馈。只有具有完善的监督机制，才能确保管理制度落到实处。

好的管理模式就是要有一套科学合理的班级管理体系，班干部职责明确，分工协作，并能充分地发扬民主，调动全体同学都能积极地参与班级管理，力求每人都能有事做，使班级管理时时、处处、事事都有人管；好的管理模式就是要有快速反馈的机制，能合理地处理班级日常事务和偶发、突发事件，及时向有关人员汇报并做出奖惩；好的管理模式就是要有严格合理的监督机制，以确保班级管理的公正性和合理性。

三、要讲究教育的方法和技巧

组织学生进行自我管理，除了上述所说的要有一套合理完善的管理制度，并有与之相适应的管理体系和模式这些“大策略”之外，还要注意讲究组织的方法和技巧，在组织管理的细微处下功夫。

要把爱护、培养班级干部的工作放在首位。要保护他们在学生中的“管理权威”，放手让他们处理日常工作，帮他们树立威信。要充分发挥班级干部的管理和自我管理的特殊作用，例如，可任用一些“后进生”甚至是非常调皮的学生做班级干部，同时派一名比较有能力的同学或班团干部做他的顾问。选择这样的同学当班干部，不一定要求他把班级管理得很好，主要是让他自身在管理中有所进步，以达到自我管理的教育目的。

再如实行“值日班长制”。班委会成员及其职责不变，在此基础之上再设置“值日班长”，按学号轮流，每个人都要当。值日班长要从早到晚对班级各项工作全面负责。上传下达，记好班级各项本簿是其重点工作。实行“值日班长制”，让学生体验当班干部的过程，既是体验为同学们服务的过程，也是体验教育同学的过程；既是提高工作能力的过程，也是增强主人翁意识和责任感、义务感的过程，更是自己受教育的过程。有了“值日班长”，班委会成员则主要是起监督保障作用，两者相互配合、分工合作。学校要搞文艺活动，值日班长就要和文艺委员商量，由文艺委员具体负责业务工作，而值日班长则具体负责协助组织；学校要搞体育活动，值日班长就要和体育委员商量……

要使每个学生都具有“管理者”和“被管理者”的双重身份，并且能够实施自然的角色转换，就要以人为本，充分尊重每一个学生，相信每一个学生，做学生的“忘年交”。要经常跟学生谈心，了解学生的心理状况，关心他们的学习和生活，跟他们打成一片；要不断地丰富自己的文化知识，提高自身的政治素养和道德水平，真正做到“学高为师，身正为范”，以自己的一举一动、一言一行来影响学生，从而实现以“不教而教”为目的的学生自我管理。

组织学生进行自我管理的过程中，要善于发现学生身上的长处，尤其是要努力发现“问题”学生身上的闪光点。扬其所长，克其所短。通过管理和自我管理，了解他们的兴趣，对他们进行“因材施教”，逐渐培养他们的自信心，帮助他们逐步融入健康的集体之中，增强集体的活力，以激励其进行以“扬长避短”为目的的自我管理。

要宽严适度。严要严到点子上，其目的是通过约束实现健康发展；宽要宽得有教育意义，其目的是为了更好的严。一宽一严、一张一弛乃教育之佳道。一般来说，从严治班，要包括如下几个方面：一是从严律己，以身示范；二是要有规范学生行为的严明纪律；三是在违纪面前要有严肃的态度；四是处理班级事务时要有严谨的步骤。从宽治班，主要就是宽以待人，多发掘欣赏学生身上的优点，在对其表现出“严”的同时，还要考虑学生的自尊心及心理承受力，给其留有悔过自新的空间与余地，让学生能在认识错误后以愉悦的心情重新站起来，从而规范其进行以“循规蹈矩”为目的的自我管理。

组织学生进行自我管理的过程中的教育技巧是丰富多彩，举不胜举的。除上述所言，还有如教师和学生在管理过程中的把握表扬与批评分寸的技巧；批评教育要注意学生的心理安全的技巧；与各科老师和家长联系沟通的技巧；尊重学生的个性，使其既能全面发展又能学有所长的技巧；责权利分明的“问责”技巧，凡是学生能做的就绝不要老师来包办代替，即使是管理中出现了问题，老师也不要直接去处理，而是要交给具体的管理责任人来处理；设计系列活动、强化素质训练的技巧……这些不仅需要让组织学生进行自我管理的教师知道，还需要让进行管理和自我管理的学生知道。

“教是为了不教，管是为了不管”“教学生管理，管学生自理”，是班主任实施班级管理过程中应该贯彻始终的核心理念。把它放在心上，像吃饭睡觉一样养成习惯，那么，就可将组织学生自我管理变成班级日常管理中自然而然要做的事情。有了这个习惯，有了这一切看似平常的管理活动，其实就是懂得了素质教育的真谛。

班主任为何要以德辐射人?

教育是一棵树撼动另一棵树，一颗心撼动另一颗心。言传身教，德之爱为先。赠人玫瑰之手，经久犹有余香。“德”的外化即为礼，在心为“德”，发之于心而表现为行为即为“礼”。亦师亦友，以礼相待……小时候的他们可能不懂或似懂非懂老师的这些言谈举止，但经过人生旅途的艰辛跋涉且反刍之后，自然会理解老师当初的良苦用心，进而常驻于思想的深处。

模仿是学习的基础，教师的每一言每一行都对学生起着潜移默化的教育作用。布鲁纳在《教育过程》中写道：“教师也是教育过程中最直接的有象征意义的人物，是学生可以视为榜样并拿来同自己作比较的人物。”事实正是这样。学生对教师的说教进行认知时，往往自觉或不自觉地与教师自身的言行联系起来进行思考和评价。如果二者一致，学生就会乐意接受，反之，就会抱鄙夷甚至抵制的态度。

“德”的本义是“优点”，“不知则问，不能则学，虽能必让，然后为德。”这是《荀子》中的一句话，意思是“一个人要做到问、学、让才能算是有德”。教育事业需要“问”和“学”，教师对于学生更需要“让”，切不可高高在上，班主任更应如此。班主任的“德”辐射就是高尚品质对学生的照射，按现在的话说，就是传播正能量。

“德”是一个人内在的品格和价值观。老子说：“圣人常无心，以百姓心为心。善者吾善之，不善者吾亦善之，德善。信者吾信之，不信者吾亦信之，德信。”教师要以学生之心为心，优生要善待，差生也要善待。不管是什么样的学生，我们都要相信他们会进步。以德爱、诚挚之心善待每一个学生，才能真正赢得学生的爱戴。

教育是管的艺术?

教育是什么?这是个看起来简单,其实很复杂的问题,不同的人从不同的角度,有不同的理解:是增进人们的知识和技能,影响人们的思想品德的活动;是教育者根据一定社会或阶级的要求,有目的、有计划、有组织地对受教育者的身心施加影响,把他们培养成为一定社会或阶级所需要的人的活动;是一种对人类认识和改造客观世界及自身的积极的影响……

教育依靠什么对受教育者施以影响?是教,言传身教;是管,规范言行举止。管和教是相互依存的辩证统一,管中要有教,教中要有管,它们携手并肩,共同对受教育者施以影响。不研究如何管,只研究如何教,或不研究如何教,只研究如何管的工作,都不会提高教育教学质量,都是劳而无功的。

既然管和教在教育过程中共同发挥作用,为什么在此仅仅提出了"教育是管的艺术"的命题?这是因为"管"的本身就有"教"的意义,现代汉语中,"管"有多种义项,教育中的"管"以"管教"和"管理"两个义项为常用意,尤以"管教"即"约束教导"之意最常见。

强调"管"是为了强调创造良好的环境、浓厚的氛围,就像创建和谐社会一个样,没有和谐的环境,一切都是空谈。所以教育中的"管"是个社会规范的大概念,是大教育观念,教育只有在良好的环境和氛围中才能得以生存和发展。

社会有规范,自然有法则。国有国法,家有家规。自然依靠法则来管理宇宙中的一切,社会依靠规范来约束每个人,国家依靠法规来管理每个人。无论是人类还是动物,都有各司其职的管理者。

管是一门学问,更是一门艺术。企业要向管理要质量、要效益,教育则要向"管"要质量、要效益。有人说,好孩子不是教出来的,而是管出来的。其实从某种意义上说,这种说法不无道理。现实中有许多家长的学问并不高,他们根本就不知道怎么教自己的孩子,只知道管他们的生活和习惯,管他们做人和做事,管他们要刻苦学习,结果却培养出了出类拔萃的好孩子;许多老师的学历并不高,只因为管理严格,基础抓得实,教学成绩就比其他教师突出。山东、江苏有几所出名的学校,他们这样管理学生:对屡教不改的学生,要请家长进校,在家长招待所住下来参与学校的管理,签订管理改善的协议书,对不配合的家长,建议学生转学或劝退……所以有人说,他们的成绩是管出来的,他们的经验就是管理的经验。

现在有许多高收费的民办学校对"问题学生"这样管理:作业没做完就不能睡觉,老师陪同熬夜到天亮;不听老师提醒,违反规定,说谎或学习有明显退步,必须接受不同程度的吃辣椒酱、吃黄连、鞭刑等惩罚……有人把这种"另类地教育"方式称为"魔鬼式训练",方法看似有些粗俗,效果却非常明显,因此引起强烈反响。

古时的私塾教育,老师专门有一个对学生施行体罚的"戒尺",学生稍有不逊就戒尺伺候,可就是这样的教育方式却造就了一大批的人才……

我们不相信简单粗暴的方式会替代丰富多彩的教育手段,但我们更不相信一个没有严格约束的孩子会成才。"严师出高徒""棒下出孝子""不打不成材"这些自古就有的教育名言之所以能盛传至今,就是因为它道出了教育的基本内核,那就是要"严",只有严才能出人才。

从家庭教育、班级管理、学校教育等角度而言,教是为了管,管也是为了教。教,是思想上的疏导;管,是行为上的约束。教不能不"管"效果,管又不能抑制学生发展的主动性,限制学生养成创造能力所需要的想象力。管,本身就意味着教,不会的、不明白的、不知道的才需要教。管,需要耐心,需要时间一点一点地渗透;需要以尊重为前提,不能高高在上,施加压力,要善为人师。在学生眼里,管理者应该"亦师亦友",既严厉也和蔼,既尊敬也亲近。

从课堂教与学的角度而言,管是基础,管是更好地驾驭课堂,有组织、有纪律地调控课堂,提高课堂教学效率的前提和保障。同时,"教"的方法和技巧也左右着"管"的效果。

无论是从哪种角度而言,教育都缺少不了"管"这个强有力的"法"的因素的参与,"依法治教"在此已深入到教育的各个层面,最终要达到的目的就是"教是为了不教,管是为了不管"。

目前,我们的教育研究重视教而忽视管,教管两层皮的现象比较严重,为此在这个时期提出"教育是管的艺术"就具有了现实意义和深远的历史意义。

教育层面的管理和被管理，是我们每个人生命中必须经历的两个阶段。每个人都要接受家庭、学校、社会、自我等四种管理模式的教育，其中自我管理才是人们真正走向成熟的标志。

讲“艺术”，就是要讲“创意”，使教育教学的“管”的方式方法富有创造性。当老的方法不见成效的时候，就要用心去寻找新方法，大胆尝试新方法，只有这样，教育才能发展进步。

班级文化建设需要做哪些工作?

班级文化建设，在教育蓬勃发展的今天，在一个经常被忽视，即使有的学校、有的老师重视，但形式大于内容的问题仍然突出的今天，我们都做了些什么？做到了什么程度？我们每一位教师都应该反思自己，立即行动起来，为“班级文化建设”做点文章，下点功夫，因为它真的会起到不可估量的作用。

班级文化是“班级群体文化”的简称，主要指班级内部形成的具有一定特色的思想观念和行为规范的总和，是一个班级内在素质和外在形象的集中体现。

班级文化可分为硬文化和软文化两大类。硬文化是一种“显性文化”，即班级物质文化，或者说是环境文化；软文化是一种“隐性文化”，包括班级制度文化和精神文化。

一、硬文化陶冶人

硬文化是“显性文化”，是人们看得见、摸得着的环境文化，也就是物质文化。班级“硬文化”建设的一般要求是：力求朴素、大方，适合学生，突出班级特点。

创设具有教育性、开放性、生动性且安全的“硬文化”环境，对于陶冶学生情操，激活学生思维，融合师生情感具有重要作用。

（一）教室整洁

“整”是各种物品摆放有秩序，不凌乱；“洁”是干净。教室整洁是班级班风的缩影。干净整洁的教室不仅让人身心愉悦，而且对学生良好审美观的形成也有重要影响。要做到教室整洁，需要班级每个成员都有主人翁精神，并能够相互监督，不断强化，逐渐形成一种良好的习惯，净的教室不是打扫出来的，而是保持出来的。

（二）教室美化绿化

苏霍姆林斯基曾经说：“无论是种植花草树木，还是悬挂图片标语，或是利用墙报，我们都将从审美的高度深入规划，以便挖掘其潜移默化的育人功能，并最终连学校的墙壁也在说话。”优美的教室环境能给学生增添生活与学习的乐趣，消除学习后的疲劳，更重要的是有助于培养学生正确的审美观念，陶冶学生的情操，激发学生热爱班级、热爱学校的感情，促进学生奋发向上，同时还可以增强班级的向心力、凝聚力。

教室布置可以设置出几大区域，如名人名言区、评比区、训导区、展示区、阅读区等。训导区张贴班风、班训、班级口号等；展示区展出优秀作业、美术、摄影、书法、手抄报等作品；阅读区备有大书橱，摆上学生爱读的书籍和学习必备的工具书等。

绿色象征青春和活力，代表着希望。在教室的前面和后面可以摆放一些绿色的植物，如盆景、花草等，让教室充满绿色，充满青春的气息。

（三）学生仪表美

仪表也是班级文化建设的重要内容。良好的仪表仪容，不但能展现个人的良好形象，而且能增强学生自信心，提高学习积极性。

二、软文化培育人

软文化是“隐性文化”，看不见、摸不着却分明能感觉到，它包括班级制度文化和精神文化。

（一）制度文化

在班级集体中，我们把那些以规章制度、公约、纪律等为内容的，班级全体成员共同认可并自觉遵守的行为准则以及监督机制所表现出来的文化形态称为班级制度文化。班级制度文化的建设，不仅能为学生提供评定品格行为的内在尺度，而且能使每个学生时时都在一定的准则规范下自觉约束自己的言行，使之朝着符合班级群体利益，符合教育培养目标的方向发展。

班级制度文化建设，主要是以《中学生守则》和《中学生日常行为规范》等学生必须遵守的规章制度为依据，根据班级实际情况，再细化制订出安全、上课、作业、考试、课间、考勤、文明礼仪、早操等要求，卫生值勤、财产保护、住宿等制度，班级岗位责任制、班干部竞争上岗制、黑板报办报小组制度、“一帮一，一对红”活动制、学生及班委会考核奖惩制等。要让学生明白什么该做，什么不该做，什么必须做，什么可以做。

班级公约不能“自上而下”由班主任强加给学生，而应该由学生讨论产生，让他们感到这是自己的事情，他们是制订者、执行者和维护者。制订和实施规章制度应注意如下几个问题：

1. 规章制度制订要符合教育教学规律

规章制度制订要符合教育教学规律，符合学生的年龄特征、班级实际状况。不同的班级有不同的特点，在开展班级制度文化建设的过程中，必须结合班级实际来进行。如果不顾实际情况，生搬硬套，是不会取得好的效果的。

2. 依靠社会、学校、家长和其他老师的配合和支持

班级文化建设仅仅靠全班同学和班主任的努力是不够的，需要社会的榜样支持、学校的活动支持、家长和其他老师的教育同步支持等，只有形成教育合力，才能促进班级文化建设的生根、发芽、开花、结果。

3. 抓好开头

俗话说“好的开始等于成功的一半”，开始就要立下好规矩，新生入校之际、班级成立之初都是制度建设的好时机。学生刚入校门，就要做好入校教育，要让每一个学生了解规范，重视行为规范的落实。

4. 重视学生意见

学校教育的主体是学生，学生是班级的主人，所以在班级制度文化建设过程中，要充分尊重学生的意见。班级制度可以通过教师初步拟定，学生讨论丰富，家长参与修改，班委及班主任定稿，最后全班学生投票的方式来制订。这样制订出来的制度才会得到学生的认可，才会有生命力和实效性。

5. 制度的实施要持之以恒，反复强化

制度的执行一定要长期坚持，反复强化，不能朝令夕改，更不能只制订不执行。

6. 制度的实施要公开、公平、公正

班级制度是针对全体学生的，不能因为某些学生成绩好或者老师偏爱某个学生，就对这个学生的问题回避或从轻处理，一定要保证规章制度的公开、公平、公正。

7. 建立多元化奖惩制度

班级制度的实施，必须要制订详细的奖惩制度。只有严格落实这些奖罚制度，才能满足学生渴望公平的心理需求，起到公平的激励作用。惩罚是一种艺术，班主任在实施惩罚时要本着适度、公正、委婉的原则。在教育过程中，要以“制度”为先，用统一的标准去评价每一个学生的行为。另外,班主任教育学生也要注重他们的个体差异,要有针对性,要因材施教。

（二）精神文化

班级精神文化属于观念形态,是班级文化的核心内容,主要是指班级成员认同的价值观念、价值判断和价值取向,以及道德标准、行为方式等等,是班级文化建设的深层次要求。班级精神文化从构成要件来说,一般是由班级舆论、班级目标、班名、班歌、班训、班风等组成;从具体内容来说,一般包括班级精神、班级凝聚力、班级文化活动等。

1. 班级精神文化构成要件

(1) 班级舆论

班级舆论是班级精神文化的核心,指班级中多数人赞同的观念、态度和意见,能影响、制约每个学生的心理,规范每个学生的行为。

培养积极的班级舆论,关键是让学生形成正确的价值判断。班主任要经常通过晨会、班会、主题队会等形式,对学生进行行为习惯养成教育,提高学生的思想道德水平,引导学生树立正确的是非观、荣辱观和美丑观,为建立正确的班级舆论打下坚实的思想认识基础。班主任要经常组织学生学习国家的法律法规、学校的规章制度和青少年道德修养等,逐步培养学生正确的世界观、人生观和价值观。

榜样具有很强的说服力、号召力,引导学生向先进人物学习是形成积极班级舆论的有效途径。榜样可以是来自班级以外的先进人物,也可以是本班中的优秀分子。班主任要实事求是地树立班级中先进学生典型,引导学生向先进看齐;向取得优异成绩、表现突出的学生授予各种荣誉,如学习标兵、进步奖、运动健将、行为模范等等,在班级中形成一种崇尚先进的良好风气。

班主任要充分利用学校与班级的舆论阵地与宣传工具,扩大正确舆论的影响力。如利用学校广播、黑板报、阅报栏、宣传橱窗、图书阅览室、名人名言、警示牌等,弘扬正气和健康的思想,批评歪风邪气和错误的思想行为,从而在班上形成积极的舆论导向。

(2) 班级目标

班集体的形成和巩固是以实现共同奋斗目标为前提的,正确的奋斗目标是维系师生为之奋斗的共同纽带,是班集体前进的动力。有了目标,班级就有明确的发展方向，班级文化就有了立足点。

班级目标可分为长期目标、中期目标和短期目标三种。一般来讲，长期目标指三到五个学年或更长时间要达到的目标，中期目标通常是一个学年要达到的目标，短期目标通常是一个学期或更短时间内要达到的目标。班主任应该根据本班的实际情况制订好相应的班级目标。

班级的长期目标应着眼于学生的终身发展，应符合教育方针和素质教育的要求。班主任可以根据新课标提出的目标，结合本班学生的特点，把这些目标转化为较具体的班级目标。如培养爱国主义、集体主义精神这一目标，对于小学生来说，可以转化为能够关爱自己、关爱他人；对于中学生来说，可以转化成善待自己、热心帮助他人、与班级共荣辱等。这样的班级目标，既和新课程的目标一致，又具有可操作性。

班级中期目标应该着力于建设优秀的班集体或形成班级特色。一个优秀的班集体有以下特征：有明确的共同奋斗目标，凝聚力强；有健全的组织和精干的领导；有正确的班级舆论和积极向上的班风；有和谐的人际关系和良好的合作精神。

班级短期目标应该是班级长期目标和中期目标的具体化，可以与学校或班级的阶段性任务结合起来，体现在每次精心设计的教育活动之中。

(3) 班名、班歌、班训

班名、班歌、班训（班级口号）能以听觉的形式传达班级文化，是班级精神文化的外显形式。

我国班级的名称通常是依据年级和班级的序号来命名的，如一年级一班、五年级三班、初三(2)班等，这样的班级名称只是一个数字代码，没有个性和特色。班主任应和学生一起给自己的班级起一个既能体现班级特色和时代精神，又通俗易懂，具有激励意义的班名，如“奋进号”“和谐班”“智慧班”“晨曦班”“扬帆号”“创优班”等。

班歌是班级精神风貌和班级特色文化的标志，它的思想内容代表着班集体的精神，会给班级每一个成员以力量、勇气、责任感、荣誉感和自豪感的体验，这种体验会激励每一个成员为拥有优秀的班级而努力。班歌的创作要根据班级的具体情况而定，有条件的班级可以由班主任或学生作词作曲，旋律应该是活泼、奋进、欢快的，歌词应集中表达班级成员整体的精神风貌、理想和追求，并得到班级成员的一致认可。没有条件的班级可以选择学生耳熟能详的、特别喜欢唱的歌曲为蓝本，让学生来编歌词；也可以直接选用现成的能反映班级成员心声的、积极向上的歌曲作为班歌，如《团结就是力量》《真心英雄》《让世界充满爱》等。

班训是班级精神的集中体现，一条好的班训具有间接而内隐的教育影响作用，是激励全班学生勤奋学习、积极进取的精神动力。班主任在确定班训时要从班级的实际出发，充分发挥民主，让班干部和同学一起参与班训的确定，必要时可以召开一次专题班会来讨论。这样确定的班训能得到全班同学的认可，进而成为共同奋斗的目标。一般来说，班训的拟定应不拘形式，以简洁、有特色为好。例如“我自律我自信，不放弃能成功”“不比智力比努力，不比起点比进步”“信心决定一切，细节决定成败”“读健康有益之书，做奋发向上之人”“知识改变命运，努力改变结果”等班训，均为上乘之作。

除上述的班名、班歌、班训以外，还可以制作班旗、班徽作为班级特色的标志，这有助于学生对班级产生认同感和自豪感，更为重要的是，他们的设计活动有助于挖掘学生的创造力、合作力，加强班级的凝聚力，增进学生间的了解和信任。

（4）班风

班风是经过长期、细致的教育和严格的训练，在全班逐步形成的一种行为风气。它是班级“软文化”建设的重头戏，也是整个文化环境建设的核心部分。它包括班级风格和班级风气，是班级对外的社会形象。良好的班风是无声的命令，是不成规章的准则，它能使学生自觉地约束自己的思想言行，抵制和排除不符合班级利益的各种行为。

班风建设中，班风标准和具体行为规范是目标，活动是骨架，舆论是灵魂，骨干是核心，训练是动脉。

要形成良好的班风，必须制订相应的班规班纪。但班规班纪只是治班之表，情感陶冶才是治班之本。情感陶冶就是利用各种环境因素，特别是教育者要利用自我创设的教育情境来对学生进行感化和熏陶，做到以境育人、以情育人，潜移默化地培养学生积极健康的思想情感，从而提高学生的思想觉悟和道德水平。情感陶冶并不是仅仅对学生提出明确的要求，而是寓教育于各种情景之中，使人耳濡目染，在不知不觉中受到熏陶和影响。

班级教育中，爱国主义教育是中心工作，行为规范教育是常规工作，合作教育是建立良好集体的基础工作，班风建设则是班级教育的支柱工作，个别教育又是集体教育的巩固和发展。

一个有着良好班风的集体，表现为有正确的舆论导向，学校、教师的教育意图能顺畅地下达、执行，有严明的纪律，有整洁的环境，学习气氛浓厚，大部分成员在感情上认同和依恋集体，自觉维护着集体的荣誉。

2. 班级精神文化的主要内容

（1）班级精神

一个班级要有班魂，也就是要有班级精神。这种精神要在班级成立之初就有意识地培养，逐步让学生理解接受，根植于全体学生的心里。

班级精神是由班级常规、班级文化、班级成员状态等诸方面因素构成的复杂系统，是班级成员在班级生活与价值取向统一的过程中逐步形成的，是师生共同协商、共同经营、共同创造出来的，是班级文化的重要内容。

班级精神的培育对班级德育工作起着决定性作用，培养班级精神，就是“唤醒学生的生命自觉，培养主动发展之人”。苏霍姆林斯基也说：“集体是教育的工具。”积极的班级精神，是班级成员正确地把握班级现实文化和教育文化的结果，是师生行为的灵魂。

班级精神可以通过主题班会合作讨论、学习小组逐步提炼、各项活动组织开展、借助各方力量打造等途径来建设。

（2）班级凝聚力

凝聚力是指群体成员之间为实现群体活动目标而实施团结协作的程度。凝聚力外在表现于人们的个体动机行为对群体目标任务所具有的信赖性、依从性乃至服从性上。

一个班级，是不能没有凝聚力的。如果像一盘散沙，这个班级也就没有了它本身的意义。在不同的阶段，班级凝聚力的体现也不同。小学时，一个班的学生都完全服从老师指挥，这是一个有凝聚力的班级；中学时，在班级获奖后，全体学生都为自己的班级鼓掌喝彩，这也是一个有凝聚力的班级。

如何让班级有凝聚力？一是充分发挥班干部及班主任作用，尤其是班长的作用。一个好的班级领导能让班级中的学生以身在这个班为荣，在外能对别人自豪地说：“我是××班的！”

二是学生有归属感。在集体中，学生能够感觉到温暖，能够感受到它带来的好处，自然就会产生归属感。需要注意的是，如果遇到问题，教师千万不可以强硬的态度去训斥学生，要采用疏导的方法，进行潜移默化的引导。

三是无论在何种情况下，都不要出现不公平的事情。一旦出现不公平，整个班级就会涣散。

四是为班级树立一个榜样。榜样能使班集体中的同学有前进的方向，从而产生凝聚力。让同学们一起参加以班级为单位的竞技比赛，例如拔河比赛、长跑比赛等，也是提升班级凝聚力的好方法。

五是良好的人际关系。良好的人际环境能使人心旷神怡，能滋生一种奋发向上的动力。班主任必须教育学生树立平等、团结、互助、友爱、包容的人际观，学生之间要和睦相处，同时要尊重、信任、平等对待每一个学生，主动与学生交朋友。

（3）班级活动

人的能力是在活动中得到培养和锻炼的。班级活动是班级文化建设的有效途径之一。班级活动一般可分为两类：一类是学校组织的活动，如军训、运动会、艺术周、科技节以及各种设计、表演、演讲，辩论、歌唱等竞赛活动。这类活动规模大、影响深，对于形成健康向上、团结进取的班级团队精神具有很大作用。另一类是班级内部的活动，如班会、兴趣小组等。这些活动内容广泛、形式多样，能对学生的思想、观念起到潜移默化的作用。

要建设一个富有朝气的班集体，必须有丰富的文化建设活动，应注重组织课内外文体活动，针对班级同学实际爱好，找出突破口。如以才艺比赛入手，引导学生的团队精神和合作意识；从协作精神人手，培养学生的集体荣誉感等等。有了集体荣誉感，学生自然就会在各个方面有进取心，也就有了进步的可能。

主题班会是班级软文化打造的核心阵地，班级制度的形成、班级文化的熏陶、师生心灵的共鸣，都是在这个阵地营造的。

怎样预防教育教学中的安全责任事故?

教育教学工作千头万绪，但安全高于一切，责任重于泰山。即使是一个细节的疏忽，都可能造成遗憾终生的安全事故，因此，要杜绝学生教育管理中的一些不当行为。

一、及时关注没到校的学生

早晨、中午上课之前，不清点到校人数，甚至是发现缺少人数时，也不及时调查并与家长取得联系。家长看着孩子出门上学去了，可是学生却没有到校，一旦中途出现了问题，就可能贻误救助的最佳时机，进而造成教师的管理责任事故。尤其是寄宿制学校，如果学生离家出走几天，或出事几天家长还全然不知，学校和相关老师难辞其咎。某初中学生小李，因害怕没做作业而被老师批评，在早晨上学途中去了网吧，两天一夜未归，由劳累引发心脏疾病而猝死，家长将网吧和学校一并告到法庭，结果学校和班主任因发现学生未到校却没有及时与家长联系而受到了处罚。

实行早晨、中午上课之前，班主任到班巡视或班长报告制，发现有学生未到校，及时调查并与有关人员联系；实行每节课点名制，发现缺课学生，任课教师要及时与班主任或家长联系。班主任和任课教师及时进行调查，积极商讨处理对策，是杜绝此类事故发生的唯一途径。

另外，还要加强学生按时上学的安全教育，未到上学时间，不要过早来校。教师要求学生几点到校，自己也必须要几点到校，并及时到班级进行跟踪管理。因教师不及时到位进行管理而出现学生安全事故，教师是要承担一定责任的。

二、不把学生赶出课堂

某学校一名初三的学生，因在课堂上不服批评而与老师争吵起来，老师把他赶出课堂,让他回家写检查。可这名学生离开学校后去了网吧,并在网吧与人发生冲突被打伤,家长找学校讨说法。律师认为,此学生被人殴伤属于人身损害事件,直接责任者是实施殴打行为的人,学校在此事件中虽无直接责任,但过错是存在的,因为老师不该将在校接受义务教育的未成年人赶离课堂。结果是教师受了处分,学校给予了赔偿。

河南一名15岁女中学生,因为和同年级其他班一名女同学打架,班主任老师组织全体同学进行选择性投票:是留下来给这名同学一次改正错误的机会,还是让家长将其带走,家庭教育一周?全班共38名同学,投票结果是:26名同学选择让她离开,12名同学选择再给她一次机会。投票过后,这名女生便被赶出教室。三天后,人们发现了她的尸体……结果是学校给予补偿9万元;班主任被停职,精神上也出现了问题。

现在老师和家长普遍认为孩子越来越难教了,学生厌学、不守纪律的情况越来越多了。于是有些老师便采取了一些极端行为:对不交作业的学生罚作业,甚至赶出教室;对违纪的、学习差的学生停课,甚至劝退……轻易地剥夺了学生的学习权和受教育权。学生毕竟是未成年人,《宪法》《义务教育法》《未成年人保护法》等都有对青少年的受教育权实施保护的条文。教师是成年人,不能知法犯法;不准把学生赶出教室,不准因迟到不让学生进课堂等应成为课堂管理的常规,要依法保障学生受教育的权利。

三、不让学生回家拿东西

某初一男生,因忘记佩戴校卡而被老师拒之于校门之外,要求回家拿校卡再来上学。这时距离上课仅有十多分钟时间,学生向离学校1.5公里的家飞奔而去,不幸被飞驰而来的摩托车撞倒在地,驾车人逃逸,学生被人救起送到医院,医药费花去十几万方得痊愈。后经家长与学校协商,学校给予6万的补偿,涉事教师也受了处分。

律师认为,此案学校和教师虽无直接责任,但也确实存在过错。《最高人民法院关于贯彻执行中华人民共和国民法通则若干问题的意见》第160条规定:在幼儿园、学校生活、学习的无民事行为能力人或者在精神病院治疗的精神病人,受到伤害或者给他人造成损害,单位有过错的,可以责令这些单位适当给予赔偿。2002年教育部颁布的《学生伤害事故处理办法》规定,学校对在校学生有进行安全教育、管理和保护的义务，因学校、学生或者其他相关当事人的过错造成的学生伤害事故，应当根据各自行为过错程度的比例及其与损害后果之间的因果关系承担相应的责任。

那些经常因为学生忘带作业、校卡、红领巾等物品而不让学生进学校或课堂，并勒令其回家去取的学校及教师是否也应该在此案中学到点什么？

四、不留学生补课

某中学女生在放学后的一个秋季被老师留下补课，一直到6点半才结束，结果在回家的路上遭歹徒强奸，学校和老师都为此付出了沉重的代价。

某小学生中午放学时被老师留下补课，结果老师被家长骂得掉下了眼泪。家长认为，文化固然很重要，但身体比文化更重要，成绩不好将来可以靠力气吃饭，孩子身体健健康康对父母来说永远是最重要的；校长认为，老师不应该利用午餐时间为学生补课，影响孩子吃饭，但老师完全是因为责任心才会给学生单独辅导，如果批评，会挫伤老师的积极性；专家则认为，从某种意义上说，家长的这一态度也说明了时代的进步，说明在部分家长的心目中，学习成绩不是最重要的，以后老师讲奉献、献爱心也应有个正确的方式。

现实状况说明，部分老师靠大量布置作业、课余时间留学生补课的“苦干”来提高教学质量的手段是笨拙的，是不可取的。家长不认可，时代也不认同，学生更不喜欢。再者说，一旦学生出了事，家长多半会找教师问责，法律也不会保护教师。为此，补课要尽量在课内进行，不要在课外。教师在一节课中至少要给15分钟时间来做作业，这个时候老师就可以走到学困生身边，进行个别补课辅导。

若有特殊原因，确需在课余时间进行补课，教师一定要与家长取得联系，而且要力争在较短的时间内完成，并要注意避开危险的时间和地点。教师在准备留学生补课之前，要三思而后行，如先问自己，有无补课的必要，是否可用别的学习或实践活动代替补课等等。假如教师们都能这样审慎对待“补课”这个敏感的话题，可能就会避免许多麻烦。

五、 不找学生帮老师做事

某中学老师放学后找几名学习成绩好的学生帮助老师评卷，天刚黑，一名学生去厕所，结果被绑架，失踪几天才被救出，老师为此而遭到停职反省的处分。

此类案件有许多，如某地农村初中老师找学生上山帮自家捡柴，而被大树砸成残疾；老师找学生到街里买物品，结果学生被车撞伤；老师让学生帮助拿化学实验物品——硫酸，结果学生被灼伤……

假如是让学生出出板报、搬搬桌子、拿拿椅子，或者取一盒粉笔、拿一杯水这也倒是正常的工作及生活互助的需要，无可厚非；但是让学生上山去砍柴就有点利用职务之便谋取私利的嫌疑，让学生帮拿危险品更是违规行为。让学生评卷不是不可以，但上述案例的时间和地点选择都不恰当，如果是课堂中的互批互改就不会出现这样的问题了。

总而言之，让学生帮助老师做事，无论是公事还是私事，不出事一切都好，一旦出事，老师是脱不了干系的。所以老师需要让学生帮助自己做事的时候，一定要注意时间、地点和事情的性质，要慎重，三思而后行。

六、教育学生言行不要过激

某初中学生因为迟到、裤脚宽大等原因被政教处老师叫到办公室，师生你来我往，唇枪舌剑，互不相让。双方情绪激动，言语自然过激。争吵之际，学生忽然从敞开的窗户跳了下去，当场死亡。

一名小学生，因在校车上打闹被老师训斥，老师情绪激动地喊道："不服管教就下去！"没想到的是，这名学生真的负气拉开车门跳下了车，导致身体多处受伤。一名寄宿在校的高中女生，从楼上往下倒脏水，恰好一名男性宿舍管理教师路过此处，在其没有防备的情况下突然从后面踢了她一脚，此时这名女生正值月经期，结果造成了月经紊乱，精神也有些失常。一小学六年级男生当众辱骂一名男教师，老师情绪激动，上去就是一耳光，男孩左脸当时就红肿起来，第二天就出现了口吐白沫、抽搐等症状，第五天便离开了人世……这些案例的涉事教师都被不同程度地追究了责任，有的被停职、辞退，有的还被判了刑。

俗话说，冲动是魔鬼。学生毕竟是受教育者，他们思维比较简单，自尊心较强，面对尖锐的矛盾冲突很容易情绪化，加之天生的好动性，犯一些错误也在所难免。老师作为师长，有责任也要有能力搞好教育转化工作。面对学生的错误，一定要注意方法与技巧，要耐住性子，深入了解，冷静处理；要以正面说服教育、积极鼓励、帮助改正为主，辅以一定的批评、惩罚教育措施。决不可行为粗暴，言语过激。即使有时言行有些过激，也要当即采取补救措施，以缓和矛盾，要懂得“打一巴掌给一个甜枣吃”的妙处，切不可相互“激将”。

七、外出活动要谨慎

高考结束，大家欢呼雀跃，班干部自发组织学生到当地著名风景区游玩，盛邀班主任参加，结果在乘游轮观光照相时不慎跌入湖中身亡，家长及亲友几十人到学校讨说法，经多方调解，以学校赔了款、教师受了处分而告终。

元旦联欢会余兴未消，一个班的高中师生又到酒店包房进行吃、喝、唱、跳，结果两个男生为争夺和一名女生跳舞而大打出手，造成了一伤一残的悲剧；班级组织登山活动，结果有一同学坠入山底受重伤；在森林防火期间组织学生野炊，由于用火不当造成学生烧伤；在交通要道组织学生学交警，致使学生被汽车撞伤……这些案例的涉事教师都受到不同程度的处分。

为了实现教育目标，提高学生的社会实践能力以及丰富学生生活，学校经常要组织一些校外活动，如春游、秋游、夏令营、参观展览、社会实践等。这类活动一旦发生事故，不但给学生及其家庭带来痛苦，而且也给学校的正常教学秩序带来严重影响。学校作为实施教育教学的专门机构，有义务保护学生的人身安全，防止意外事故的发生。根据我国《教育法》《义务教育法》《未成年人保护法》《学生伤害事故处理办法》等法规规定，学校在组织学生外出活动时一定要做到：组织的“活动”本身应具有合法性；应对学生进行安全教育；作好出发前的准备工作；采取必要的防范措施；履行一定的报告程序；明确应急流程和事故调查处理方式等。

对于学生自发组织的活动，老师一旦得知，一定要履行告知或阻止的义务；如果参加了活动，教师的责任就与自己亲自组织的性质差距不大。

八、定期排查安全隐患，定时开展安全教育

校舍设施、交通、用火用电、食品卫生、学生财物、体育运动、外出活动、实验等，是

最容易存在校园安全隐患的，要倍加注意。

中学生课间打闹，触到墙壁上因插座老化松动移位而裸露在外的电线，造成严重的电灼伤；教学楼二楼过道栏杆断裂，造成多名学生坠下伤亡；学生晚自习下楼梯拥挤，造成踩踏伤亡事件；学校围墙倒塌，造成砸伤砸死事件；地震、火灾发生时，缺乏安全撤离常识，造成通道拥挤堵塞……

排除安全隐患的措施大体有：加强组织领导，切实落实安全工作责任；强化安全教育，树立安全意识；建立报告制度，加强安全管理；加大投入，改善办学条件；定期进行安全工作大排查等。

国家对学校安全管理的大政方针是：积极预防、依法管理、社会参与、各负其责。

安全第一，教师责任重大，教育教学工作要时刻警惕。

问题学生怎么办?

“问题学生”就是有问题的学生。有什么问题?简单说,就是学生在个人成长和发展过程中,人格和性格发生了偏差,情感意志和思维等方面存在着一定的心理障碍,未能按照教育者的主观意愿发展,形成与人们预想不相一致的人格,这就成了我们教育中的“问题”。焦点问题即是“不思学业”,因为我们目前所谓的“学业”就是“应试的学业”,根本就没有符合他们个性要求的“学业”,他们的基础、能力和水平根本就跟不上应试教育的步伐。

这些学生经常不交作业,经常迟到早退,经常上课说话或做小动作,经常打架骂人,经常说来则来、说走则走,经常在社会上参与违法犯罪活动……“唉,这样的学生可怎么办呢?”经常可以听到老师对这类孩子教育的无奈感叹,经常可以听到年轻教师向老教师无奈地求教关于这类孩子的教育方法。

孩子犯点小错误是正常的,尤其是偶尔一次犯错误——或许这里还有其他特殊原因,倒也情有可原。然而当学生经常性地犯错误,又屡教不改,常规性的教育惩罚措施已经丝毫不起作用的时候,作为教育工作者的我们又该怎么办?寻求和尝试非常规的教育惩罚措施或许可以“别有洞天”。

例如,经常不交作业,常规性的教育惩罚措施往往是中午或晚上放学后留下补写、罚抄数遍;给家长打电话,让家长来把关作业,联合批评教育等。非常规的教育惩罚措施就可以尝试罚扫操场30分钟;让家长带回补写后再来上学;没有完成作业就不能来上学等。

又如,经常迟到早退,常规性的教育惩罚措施往往是写500字以上的检讨书、保证书;站在教室外边训话,不准进课堂等。非常规的教育惩罚措施就可以尝试给家长打电话,让学生和家长一同写保证书;迟到早退达到一定次数就让家长接回教育等。

再如,经常上课说话或做小动作,常规性的教育惩罚措施往往是调座位,把说话者放到不愿说话且不好动的异性中间;把说话者放到第一排教师讲台下等。非常规的教育惩罚措施就可以尝试戴口罩上课,举手摘口罩发言;家长陪同听课等。

至于经常打架骂人,经常说来则来、说走则走,经常在社会上参与违法犯罪活动等就属于比较严重的问题了。不仅要靠教师、学校的常规性的,诸如写800字以上的反省式说明书,警告、记过处分等教育惩罚措施,还要尝试非常规的教育惩罚措施,例如给班级打扫三天以上卫生;不允许参加课外活动,只能在旁边看;回家反省,每天由家长陪同来学校向老师汇报思想;转换班级,或者改变学习环境;由派出所协助处理;移送相关单位或司法机关处理等等。

常规性的教育惩罚多使用精神类惩罚、教育性惩罚、主动惩罚,而极少使用行为类惩罚、强迫性惩罚、被动性惩罚。非常规的教育惩罚就是要适当地尝试使用常规性的教育惩罚所不常使用的,但又可以达到常规性的教育惩罚所达不到的预期教育目的的惩罚措施。

一、使用非常规的教育惩罚应遵循一定的原则

(一)约定性

惩罚的条例要由班级全体同学讨论确定,经家长委员会讨论通过才能实施,必要时还要经学校领导班子讨论通过。

惩罚的条例既要体现自下而上的民主,又要体现自上而下的集中;既要体现学生的集体意志,又要体现法律、政策、条例的权威。惩罚的条例一旦获得通过,就不应随便改动。

(二)关爱性

惩罚必须以尊重学生为前提,以关心和爱护学生为根本。没有对学生的充分尊重,惩罚就失去了教育意义。因为惩罚的终极目的在于惩前毖后,使违纪学生产生惭愧感,从而重塑其对纪律规范的忠诚、尊重的情感和态度。所以使用惩罚时要明确目的,懂得惩罚只是一种手段而绝非是最终目的。如果目的不明确,就可能滥用惩罚,就可能带有个人的情绪,甚至抱有偏见,就可能有教训学生的心理,结果就会演变成体罚。

(三)理据性

惩罚要恰到好处,以客观事实和规章制度为依据。在证据不确实或没有弄清事

实真相之前，不能过早下结论，草率予以惩罚，或采取高压手段强迫学生认错，更不能泄私愤，图报复，道听途说，无中生有。

惩罚不仅要有理有据，还要公平公正。要统一惩罚尺度，惩罚方式应由学生所犯错误的性质与程度而定。不能厚此薄彼，因人而异；不能感情用事。

（四）时效性

一是要及时，要善于将错误消灭在萌芽之中，发现学生犯了错误应及时指出其错误所在和应该承担的后果，不能时过境迁再去实施惩罚；二是要适当延时，在学生犯了错误以后，根据情况可适当延长一段时间后再进行惩罚，这有助于学生充分认识自己的错误，引发思想上的醒悟，也有助于教师避免因情绪失控而滥用惩罚。

（五）适度性

惩罚必须掌握分寸，注意火候。轻描淡写的惩罚触及不到学生的心灵深处，起不到应有的教育作用；过度的惩罚又会使学生产生不当的心理超限效应，引发学生的消极情绪和逆反心理。同时要注意惩罚不应演变成体罚或变相体罚，惩罚要以不损害学生的身心健康为前提。要就事论事，一事一罚，切忌“秋后算总账”。

惩罚要尽可能少使用或不使用，尽可能从轻处罚。切忌惩罚过于严厉，甚至是严酷。要建立一个多种强度等级的梯次顺序，每次惩罚都要取下限，而不取上限。

（六）灵活性

要针对不同的时间、场合、违规程度，以及被惩罚对象的性格类型，机智灵活地选择不同的惩罚方式，而不能一成不变，千篇一律。在实施的过程中，要根据故意违纪与过失违纪、初犯和屡犯、性格外向和内向等不同类型和情况，区别惩罚的程度及方式。需要注意的是，对于犯了错误的学生，在暗地里进行批评惩罚要比当众批评惩罚效果好。

另外，不能孤立地使用惩罚手段，必须与其他多种教育手段结合起来，尤其应该与说理、沟通、感化、激励等教育方法结合起来使用，这样才能取得显著效果。

二、使用非常规的教育惩罚需要注意的问题

（一）防止走极端

不敢惩罚和滥用惩罚都是要不得的。一方面，高呼实施素质教育的今天，惩罚似

乎被人们视为异端，被视为对人权的侵犯，使教师不敢使用惩罚这个武器；另一方面，受教师素质的影响，不分青红皂白、程度轻重，滥用惩罚的武器，以致于造成惩罚过激、过重等问题，进而产生不良影响。

心理学家研究表明，学生的学习动力有时的确是来自于对不利事件的担心和惩罚的惧怕。尽管惩罚对学生学习有好处，但是在一般情况下，学生并不愿意接受惩罚，因为它毕竟不像奖励那样能够使人身心愉悦。为此，惩罚仍然是一种迫不得已的方法，一般不应鼓励使用。但是，只要不是任性“发挥”，惩罚在教育中还是有一定的行为约束力的。

（二）正确区分体罚和惩罚

体罚就是通过罚跪、击打学生、长时间地罚站、罚学生机械性地抄写不包含任何智力内容的作业几遍甚至是几十遍等方式来处罚学生的教育方式。体罚是对学生实施身心上的严重伤害的有悖于道德的侵权行为，是一种简单、粗暴、落后、愚蠢的教育方法，是落后、陈旧教育思想的具体体现，更是一种无知、无能的表现。

惩罚即惩戒，是通过处罚来警戒。正确的教育固然重要，然而对那些屡教不改，影响及危害较大，所犯错误带有典型性和普遍性的学生，又是需要采取严厉的惩罚措施的，以教育本人，警示他人。

从出发点看，惩罚和体罚看起来有相似之处，都是为了纠正学生的错误行为，但实际上却有本质的不同。惩罚要“以人为本”，这是现代教育人性的回归，体现的是对人的个性的尊重。而体罚在纠正学生错误行为的同时也造成了对学生的身心伤害，忽视了学生是平等的个体，更忽视了学生的尊严。

（三）惩罚要讲究方法

首先，惩罚要与严肃的思想教育紧密结合，一味单纯的惩罚，只会激化师生矛盾，成为学生生成逆反心理的土壤，这种教育的“副作用”远远大于它的“正面作用”。尤其对待“叛逆生”，更要慎用惩罚，要多寻找他们身上的闪光点，以扬长避短。

其次，惩罚切忌简单粗暴，要采取大多数同学能够接受的多种多样的方式和方法。例如把写检讨书改成写说明书，把自己犯错误时的心理变化过程梳理一遍，深刻认识其危害，对今后的改正很有好处，这比单纯的表个决心、下个保证的效果要好。再如，写完说明书后用信封装好，并且任何人都不得轻易打开它，只有在学生重犯相同错误或多次犯同类错误时才将它拿出来与学生一起阅读，效果也比较好。

再次，惩罚成功的关键是惩罚后的跟踪教育。惩罚其实只是“纠错教育”最初的环节，而惩罚之后的相当长的一段时间内的对犯错误学生的上课行为、日常表现、思想波动、精神状态等的跟踪观察、辅导与纠正，才是纠错教育的关键环节，因为养成良好的行为习惯是一个渐进的、长期的、容易出现反复的过程。

最后，教师要为犯了错误的学生创造和谐、愉悦的同学关系、师生关系。同学的热情关心、帮助、鼓舞，是使学生改正错误，进而养成良好行为习惯的肥沃土壤。

《义务教育法》有“不准体罚学生”“不能开除学生，不能勒令学生退学”的规定，《教师职业道德规范》有“不体罚或变相体罚学生”的规定。可是，无论是国家的《教育法》还是《教师法》，无论是《学生守则》还是《学生行为准则》，无论是《学校规章制度》还是《学生管理制度》，都没有对于学生的什么错误行为应该进行什么样行为类的惩罚的明文规定，也没有明确的具体操作细则。2019 年 11 月，教育部出台了《中小学教师实施教育惩戒规则》征求意见稿，明确了不同情形下学校可采取的惩戒措施，厘清了教师和学校各自拥有的责任和权利边界，虽然还在征求意见，但毕竟走出了可喜的一步。

非常规的教育惩罚是一把双刃剑，是一种危险的、高难度的教育技巧，搞不好就会演变成体罚和殴打。为此，正确的非常规教育惩罚不应是教师的个人行为，而应是一种教育的法规要求，这种法规要求应该是国家保障教育工作的意志体现和学校教育工作必须遵循的准则。我国应借鉴美国、英国、韩国、新加坡、台湾等国家和地区的教育惩罚措施，例如不上学读书，要判刑入狱；学生打架可停课一个月，而且每天被要求写 1000 字的反省文章，并每隔一周来学校汇报思想，如果认识不深刻，还要继续受惩罚；罚假日辅导补课；家长或监护人带回管教；关禁闭……这些“法规”的实施，可以有效地遏制学生在校园中的“违法犯罪”活动的发生。

教育现实呼吁我们要尽快立法确立中国惩罚教育的地位和权威，保障学校教育管理过程中惩罚教育的权利与义务，规范惩罚的具体形式与内容，明确操作细则，明确追究、惩处有害于学生身心健康的体罚的有关规定，以使教育惩罚有法可依，有章可循。

批评应怎样注意学生的心理安全?

教室里的天棚裂缝了,走廊里的扶手摇动了,化学实验有剧毒药品,有人持刀行凶了……请注意安全,采取必要防范措施,以免伤人。班级里的失窃案是他干的,电脑课她浏览黄色网站了,他们俩早恋了,他们朋友之间闹矛盾了……请注意批评教育的方式,以免伤心。伤人者涉及的往往是环境安全,它们大多是显性的,具有可预见性;而伤心者涉及的往往是心理安全,它们大多是隐性的,具有不可预见性。内在的安全隐患是颗隐形炸弹,不知在什么时候的什么情况下就会被引爆,而一旦被引爆,其威力无法想象,其后果不堪设想。

只有学生心理上安全,才能有行为上的安全。近年来,校园事故频发,大多是由学生的心理问题造成的,而引发这颗隐形炸弹的导火索又往往与批评教育方法不当或过火有关。从这个角度上说,教师又是一个具有一定风险性的职业。

所谓批评教育,就是对学生的缺点和错误提出意见,并帮助其认识和改正自己的错误。批评教育是一把双刃剑,是一种危险的、高难度的教育技巧。用得好,可以事半功倍;用得不好,不仅事倍功半,而且还会出现安全事故。好与不好主要是看批评时是否充分考虑了学生的心理承受能力。

所谓心理安全,是面对所处环境的安全状况持有的一种追求平稳、不受威胁的应对性心理机制,即不需要有任何的戒备心,不担心别人会随时指责和批评自己,有一种安全感。面对安全境况,如其所形成的是一种良性的应对心理机制,则其外显行为是和谐友善的;反之,其外显行为会表现为一种安全事故。

校园安全,重于泰山,青少年是祖国的未来。中学生正处于生理和心理的转型期,即生理和心理机能都在逐渐走向成熟,自我意识发展,独立意识提高,并逐渐分化,价值观、世界观正在逐步形成。如何让学生守住自己的心理防线,不受外界的干扰,进而健康成长?学校教育责任重大,教师的批评教育尤要"审时度势"。

作为教育工作者来说,谁都不希望自己的学生犯错误。为此,常常想尽各种办法避免学生犯错误，如果发现学生犯了错误，就会立即采取自认为有效的各种措施批评教育学生，并且希望通过批评教育，杜绝学生再次犯错误。其实这是不现实的，因为人无完人，金无足赤，何况是成长中的学生呢？他们更容易犯错误，而且会一而再，再而三地犯错误。即使对他们的教育管理十分到位，也不可能杜绝学生犯错误。学生也正是在不断犯错误、校正错误的过程中逐渐成长起来的，俗话说，不吃一堑，不长一智。

但不管怎么说，学生犯了错误都是要批评教育的，那么批评如何才能既保证学生的心理安全，又能达到教育的目的？

一、注意批评的轻重缓急

要了解掌握学生的心理状况，根据不同学生的心理承受能力来正确区分批评的轻重缓急。要做到这一点，就要求教师在批评教育的过程中能够明察秋毫，善于换位思考，不断用自省的目光审视自己，审视学生，进行心灵深处的反思：我是否应该以这种态度对待学生？我的做法会不会伤害学生的自尊，威胁到学生的心理安全？如果批评失当我该怎样弥补？采用什么方法才能使学生既能认识到错误又能改正错误呢？等等。

要达到对症下药，药到病除之疗效，就要确切诊断病情。心理承受力比较差的易于“伤心”的学生一般有这样几个特点：

（一）性格内向，思想偏激

这类学生胆小怕事，喜怒哀乐不溢于言表，缺乏与师长和同学朋友的交流沟通，造成人际交往上的障碍。对此类学生，教师要特别注意自己的语言，因为他们受了委屈也不会讲，要在心里琢磨好长一段时间，进而影响学习、生活和人际关系，而这些学生又往往具有很大的潜在爆发力，如果批评方法得当，这种爆发力就可以变为积极进取的动力，反之就可能是破坏力。

（二）心胸狭隘，对老师或同学的批评教育不能正确理解

这类学生一旦遭到比较尖锐、严厉的批评就感到是被拒绝、受冷落或者是受到嫉恨、歧视，甚至是受到威胁，感到危险和焦虑，对知情者中的大部分人抱不信任或敌视的态度。他们常表现为自我过敏、神经质倾向、自卫倾向、自卑等。对此类学生，教师

要注意进行批评的意义和作用的教育，使他们感到批评就是对他们负责，就是爱护和喜欢他们；理解批评就是被人喜欢，被人接受；明白敢于批评和自我批评就是大家庭的温暖和热情，就是一种归属感，就是对他人的信任、宽容和友好，等等。

（三）以自我为中心，自私自利

这类学生以独生子女、家庭经济状况优越者居多。他们往往以自我为中心去考虑问题，目中无人，坚信自己的判断，不屑考虑别人的意见或做法，对自己不善进行自我分析和自我批评；他们对别人是马列主义，对自己却是自由主义；他们常把享受、金钱放在首位，做事从不考虑别人的需要，总把别人当作自己的对手，当别人有困难时，自己意识不到要帮助别人，甚至是意识到了也不愿伸手援助，有的人还暗自得意，等着看别人的笑话。此种类型的学生，常常目光短浅，缺乏远大的理想。如果批评不当，就会造成师生之间、同学之间的种种矛盾，矛盾恶化之后就具有较强的攻击性。对此类学生，要加强集体主义、爱国主义和理想前途的教育。

（四）缺乏同情心

同情是由真实或想象中的他人情绪、情感状态所引起的与之一致的情绪或情感体验，是一种替代性的情绪反应能力。它使我们置身于他人境地，与之同哀乐、同甘苦，是保证人与人交往的感情基础。可是现在的大多数学生缺少这种同情心，他们受家庭、学校及社会只讲“钱”，不讲“情”，只关心“分”，不关心“人”等不良因素的影响，在家庭，不懂得与父母相亲相爱、孝敬长辈，不懂得全家人相互关心、支持和帮助；在学校，不懂得热爱、尊敬老师和同学，不懂得关心、体贴他人；在社会，不懂得尊老爱幼，关心帮助弱势群体，不懂得社会需要仁爱之心……对此类学生，要注意培养“荣辱观”，培养对人的情感的感受力和对同伴的友谊，让他们经常去体会帮助人的快乐，引导学生的爱心沿着正确方向逐步得到升华。

（五）沉浸于某种不良状态而不能自拔或违法乱纪

这类学生如沉浸于早恋、网络等不良状态而不能自拔者，具有小偷小摸、吸毒等违法乱纪倾向者。这些状态对学生的影响是巨大的，轻者说，或分散精力、影响学业，或感情冲动，种下苦果，或意志涣散，影响风气；重者说，一旦失恋或违法乱纪行为败露，罪恶、羞怯、失落、惆怅感就交错产生，伴随左右，进而具有明显的自我谴责倾向，以致于产生自杀的念头。这些问题的出现，离不开社会、学校及家庭因素，更离不开心理及思想因素。因此，解决这类问题应从心理、思想入手，做好预防和疏导；加强青春期生理和心理、理想和前途教育以及法制教育；引导学生培养健康、高尚的情操，等等。

二、明确批评构成威胁的根源

（一）功利性的应试教育体制，是构成学生心理安全威胁的头号大敌

重视显性外在的学习成绩，而不够重视素质教育以及内在隐性的思想和心理教育等。在安全中只重视外在的发生现象，常常采取简单的头痛医头，脚痛医脚，甚至是“堵”的惩戒、威慑等批评教育方式来处理校园安全事故。仅仅追求“严”字当头下的把学生“管住”并不出事，在“防”上下的功夫却很少等。另外，在现实情况下的教育资源短缺而采取的大班额教学，使教师难以进行个体的“心”的管理；家庭教育比较落后，家长除了提供物质支持就是盲目的质问成绩，忙于生计却疏于与孩子进行“心”的交流等问题的客观存在，就使学生在成长的过程中产生了孤独感，再加上学生升入高一级学校后受关注程度降低和在新集体中的心理定位的偏差，就容易出现心理安全问题。

解决这些问题，仅仅依靠教育者多关心孩子的心理安全问题还不够，还要从根本上改革目前的应试教育体制，只有实行真正意义上的素质教育才能把束缚中的孩子解放出来，才能让他们快乐地接受教育。

（二）封建家长式教育

强权主义，师长的教育不讲究民主，说一不二，用自己的思想和一整套“清规戒律”去禁锢学生的思想和行为，强行决定孩子应该怎么样，习惯于用讽刺、挖苦、奚落、呵斥等简单粗暴的办法，以“都是为了你好”的名义来强行矫正学生的思想行为。这种批评教育的方式容易使学生产生较大的心理压力和恐惧心理，形成紧张与压抑的感觉，导致学生心理失衡和言行变异，严重的还会造成不良人格和各种心理疾病。这种不良的教育方式持续时间越长，对学生的心理伤害就越大。

学生人格的成长和心理安全主要取决于社会环境和社会文化的隐性课程。学生作为一个独立的社会个体，在人格上与教师是平等的，师生关系紧张会伤害学生的自尊，影响他们自由个性和健全人格的养成发展，进而威胁学生的心理安全。虽然“师道尊严”的影响今天仍然存在，但是，实现师生平等是新课程改革的关键，教师必须要

打破师生尊卑的樊篱，找到一条平等对话的渠道；在教育教学中多给学生一点理解和尊重，多给学生一点宽容和沟通，多给学生一点自主和民主……如果说学生怕你，那就证明你不是一位完全称职的教师。因为学生只有与教师和谐相处，没有顾虑，感到心理安全，才能自由地发表意见，提出问题，从而打开创造的闸门。为此，教师只有从心理上走下讲台，走近学生，才能建立新型的师生关系，才能使我们的教育无局限性，才能激发学生无限的潜能。

当然，这不是说教师就不要威信，只不过这种威信要来自于学生对教师的信任，即学生对教师的管理决策、专业知识、为人处事等“德”和“才”的信服，而不是依靠封建家长式教育。和谐民主才能保证安全。

三、掌握批评的艺术

当学生犯了错误，教师要关心、爱护、尊重、谅解和宽容犯错误的学生，只有在教育教学的过程中做到了这几点，才不会用挑剔的眼光去看待犯错误的学生，才不会使学生犯了错误后感到恐惧、害怕，教师才会投入更多的情感和精力，通过批评教育传递对学生的关心、尊重和宽容，帮助他们树立自尊、自爱和自强意识，促使他们积极认识和改正自己的错误。

当学生犯了错误，教师要具体情况具体分析，切不可不分青红皂白，劈头盖脸就是一顿乱批，要选择适当场合，把握最佳时机，采取灵活多样的方式方法来实施批评策略：如先充分表扬，再适度批评，寓批评于鼓励之中；旁敲侧击，寓批评于幽默之中；行为暗示，寓批评于无声之中；帮助矫正，寓批评于宽容之中；晓之以理，动之以情，寓批评于和风细雨之中；促膝谈心，寓批评于友善交流之中，等等。不仅如此，教师在实施批评策略时还应特别注意：批评要掌握事实、有的放矢、留有余地、刚柔相济、迂回启发等等。

总之，批评教育要注意学生的心理安全，就是要讲究方法。批评有法，而无定法，但不管采取何法，都必须从学生的心理实际出发，从尊重学生、爱护学生的基点出发，这样的批评才能被学生理解和接受。

如何面对中学生早恋?

一、早恋的定义及特点

(一)定义

早恋,按字面意思来理解,就是过早的恋爱。早恋一般是指未成年男女建立恋爱关系或对异性感兴趣、痴情或暗恋。

一些教育家、心理学家和学生认为“早恋”一词并不科学。因为少年在青春期加速发育,第二性征出现后,逐渐性成熟,生理和心理都有成人化趋势,所以对异性产生好感或发生恋爱行为是青春期的普遍情况,是生理与心理发育的必然,不应该用“早恋”这样带有主观感情的词汇来描述。

(二)特点

1. 朦胧性

青少年对早恋发展的结局并不明确,仅仅是渴望与异性单独接触,而对组建未来家庭、处理恋爱和学业之间的关系、区别友谊和爱情等问题都缺乏明确的认识。

2. 矛盾性

早恋的青少年愉快和痛苦并存,内心充满矛盾,既想和喜欢的异性接触,又害怕被师长发现。对于暗恋的早恋者而言,还表现在是否向爱慕者表白爱意的矛盾。

3. 不稳定性

青少年往往欠缺处理人际关系的技巧及经历,所以双方缺乏互信,导致“早恋”充满变化,极不稳定,常常给双方心理造成痛苦。

4. 隐蔽性

青少年的早恋在行为方式上,绝大多数极其隐蔽,通过书信、电话或者网络等传递感情,进行秘密的私下沟通和感情交流,家长和老师难以发现;极少数公开关系,出双入对。

二、早恋的原因及类型

（一）原因

1. 知识的贫乏

（1）异性交往知识的贫乏

青春期如何进行健康的异性交往，如何正确区分友情与爱情，与异性交往的行为规范是什么……青少年缺乏这些知识，又无行为规范训练，缺少了与异性朋友建立纯真友谊的知识和能力。

（2）性知识的贫乏

目前学校性教育内容很零散，2008 年教育部颁布了《中小学健康教育纲要》，但没有配发相关教材，不少学校并不知道健康教育课该上哪些内容。由于大部分老师、家长都没有在合适的时间、阶段，对他们进行正确的性心理疏导，许多青少年便受网上良莠难辨的性信息以及部分成年人“性榜样”的影响，对性行为提前产生了幻想、渴望，甚至付诸行动。

（3）素质教育的缺失

长期以来，受应试教育的影响，重智育、轻德育及心理素质教育成为普遍现象。素质教育虽然已经被提倡了很多年，但大多数学校还是应试教育那一套，老师以及家长最关心的还是学生的成绩，学生的思想教育跟不上学生成长的要求。

学校及老师对早恋的态度也不一致：有的置若罔闻，导致早恋在学校中蔓延；有的绝对禁止，一旦发现男女学生有所交往，便不分青红皂白定性为早恋，轻则批评教育，重则公开处罚，结果往往适得其反。

2. 家庭的影响

（1）结构缺失

主要涉及单亲、再婚、双亲缺失及父母在外打工的家庭。这样的家庭由于结构缺失，孩子长期缺少父爱、母爱，缺乏必要的家庭教育，在心理上就容易产生许多障碍。一旦遇到心目中的“白马王子”“窈窕淑女”，或遇到关心自己的异性——哪怕年龄比自己大很多，很容易产生强烈的好感、依附感。这也是师生恋、傍大款等“异代恋”产生的原因之一。

(2) 氛围不佳

主要是指父母有不端行为或不和睦、过于苛刻或过于溺爱的家庭。父母行为不端,会在潜移默化中影响孩子的行为;家庭不和睦,孩子很难享受家庭温暖;家长要求过于苛刻,视男女交往如大敌,处处严加防范,结果反而事与愿违;过于溺爱,会让孩子永远长不大,在家依附父母,在外依附别人。

3. 社会环境的影响

人的心理发展、知识的获取、品德的形成等都离不开社会环境的制约和影响,社会环境的健康与否将直接关系到青少年能否健康成长。

(1) 低俗文化的影响

青少年辨别能力低,好奇心强,易受消极信息的影响。电影、电视、录像、网络、报刊上有关性的各种信息铺天盖地,学生不经意间就可看到,这种不良信息的强烈刺激促使了他们的性觉醒,强化了他们的好奇心,模仿尝试就有了可能。

(2) 集体风气的影响

班风、家风、社会风气等对孩子的影响至关重要。健康向上的班集体中,同学们互相帮助爱护,积极向上,思想纯正,早恋就没有市场;家庭生活中,父母以自己的模范言行教育、熏陶、感染子女,孩子就会正派做人;在社会上,孩子与不三不四的人来往,很可能就学会了"交朋友""搞对象"。

(二) 类型

1. 爱慕型

青少年相互爱慕产生早恋的现象十分常见,根据爱慕原因的不同可分为如下三类:

一是爱仪表。是由于爱慕对方外在的仪表而产生的早恋,也是最难以持续和稳定的类型。

二是爱专长。这是由于爱慕对方的某项自己崇尚的能力或专长而产生的早恋,这类早恋常常是女孩采取主动。

三是爱品性。这类早恋是由于爱慕对方的某些自己崇尚的品性而产生的早恋,这类早恋比较持久。

2. 好奇型

这是因为对异性的好奇心而产生的早恋。青少年性意识的不断发展会对异性产生身体、生理、心理，以及对自己态度的好奇，进而产生性冲动，为了满足这种好奇心，而结交异性朋友。

3. 模仿型

这是由于模仿社会上、影视作品和报刊书籍中的行为而产生的早恋。

4. 从众型

这是迫于周围同龄人的压力产生的早恋。例如本来不存在的恋爱关系，可能被周围的人杜撰出来，即“谣言”或者“绯闻”。在这样的环境下，迫于舆论的压力很容易对对方产生爱慕之心。

5. 愉悦型

青春期男女之间作为同学甚至同桌，由于较多的交流和信息传递，会对对方产生更为细致和透彻的理解，在这种状况下容易产生早恋。这也是“同班恋”甚至“同桌恋”的重要原因。

6. 补偿型

一些青少年由于在学习生活中遭受挫折，为达到发泄目的，往往会找异性交往，在其中忘掉痛苦，以谋求补偿。这类早恋融入了真实的感情，容易发展深化。

7. 逆反型

由于社会意识和舆论的因素，青少年的两性交往常会受到家长、老师的不恰当干预，容易诱发其“你们不许我这样做，我偏要这样做”的逆反心理。在这种逆反心理的作用下，本来正常恰当的异性交往可能迅速向早恋发展。

8. 病理型

在当代社会，营养条件优越，容易造成营养过剩，食物中含有性激素或各种特殊生理疾病、家庭遗传等因素，容易造成青少年生理、心理早熟，甚至是性变态心理。

三、对早恋的不同观点和态度

（一）宽容

一些态度较为开明的家长和素质教育界的人士认为，恋爱是青少年的人权和自由，并有许多益处，不能盲目封杀。

1. 培养能力,缓解压力

可培养勇气,以及承受挫折、人际交往、独立和审美能力,缓解学习和生活的压力,拥有情感上的寄托,使精神不感到空虚,获得更多的积极情绪。

2. 提高自律能力

对某人有爱慕之心,从其所好,在生活中处处约束自己,以爱慕者的标准作为自己生活的准绳,使一些不良的性格和习惯得到改正。

3. 为未来人生奠定基础

熟悉与学习恋爱,为将来的恋爱打下基础。较成年人的恋爱而言,青春期恋爱显得更纯洁,较少涉及性和利益,因此,青春期恋爱为许多文化产物,如言情小说、动漫与恋爱题材的电子游戏等提供了灵感,

4. 提升成绩

互相追赶,以取得对方愉悦与偏爱,使得成绩上升。

（二）反对

青春期恋爱难以得到中国应试教育界和思想较为传统的家长的认可,理由主要有如下几个方面。

1. 影响应试能力和考试成绩

青少年自我控制能力差,早恋使他们过分好奇、兴奋、痴迷,过分沉醉于爱的幻想中,无法全身心地投入学习,进而造成学习成绩下降。这是反对早恋的最重要理由。

2. 涣散意志,影响风气

学校里,一个班级如果出现了男女学生谈恋爱,会产生种种反响:有的把早恋事件当作课余饭后谈论的焦点,探听恋爱者的行踪和隐私活动,相互传播取笑,转移了大家的学习兴趣和注意力;有的甚至羡慕、向往、效仿,积极寻找和物色异性朋友,影响了学校的风气。

3. 感情冲动,种下苦果

通常,恋爱和性爱是有着不解之缘的。少男少女堕入爱河以后,经常一起外出郊游或进出影视厅,爱的镜头会成为他们关注和模仿的焦点。强烈的性冲动往往使他们失去理智,不考虑后果而发生性行为。在价值观、道德规范和生活经验尚未能有效地对本能欲求施加控制的情况下,会产生心理和生理的不良后果——怀孕,于是早恋中那种浪漫的气息一扫而光,代之以双方的惊恐不安和无所适从,尤其使少女成为最

终的受害者。

4. 可能导致犯罪

早恋者一般年轻气盛，对一些事件十分敏感。特别是男孩在女朋友面前，面对一些让自己“吃醋”的行为容易恼羞成怒，大打出手，造成违法犯罪。另外，由于父母不支持，谈恋爱的花销不够，可能会诱发偷和抢的念头。这是早恋对社会最严重的危害。

5. 耗费精力又极难成功

有调查发现，早恋者婚姻的成功率极低。初入情网时双方往往信誓旦旦，甚至山盟海誓，随着时间的流逝，他们由中学进入大学，或走向社会，知识和阅历逐渐丰富，生活经验不断积累，真正成熟起来，并确立了各自的世界观，有了新的择偶标准。曾经倾心挚爱的人，因为各种因素的变化而难以结合。到那时，回顾旧时的一段经历，会觉得似乎是一场游戏。

四、如何对待早恋

（一）早发现

1. 早恋征兆

（1）孩子变得特别爱打扮，常对着镜子左顾右盼；突然大手大脚花钱，开始在某个异性面前表现自己。

（2）在没有疾病和其他偶然事件发生的情况下，学习成绩显著下降，上课注意力不集中，眼神发直，心神不定。

（3）无故缺课，纪律涣散，撒谎请假，夜不归宿。

（4）活泼好动的孩子突然变得沉默，不愿和父母多说话。

（5）在家坐不住，经常找借口外出，瞒着父母到公园、歌厅等场所，有时还说谎。

（6）放学回家喜欢一个人躲在房间里，或待在一边想心事，时常走神发呆。

（7）情绪起伏大，有时兴奋，有时忧郁，有时烦躁不安，做事无耐心。

（8）突然对描写爱情的文艺作品、电影、电视感兴趣；喜欢听“爱情史”，喜欢谈论男女之间的事；偷看黄色小说。

（9）背着家长偷偷写信、写日记，看到别人赶忙掩饰；突然有人寄信、打电话来，但寄信人、打电话人不留地址、姓名，带有神秘感。

2. 易早恋学生的类型

(1) 需要爱和关心

主要包括离异的单亲家庭孩子和父母粗暴管教下的孩子，他们与父母缺乏沟通，很容易产生孤独感。

(2) 学习成绩不佳但在其他方面有优势

学习上不行，他们就在其他方面寻找自己的价值，比如长得帅的男生，长得漂亮的女生，以及特长生，甚至一些家里有钱的学生。

(3) 性格互补，志趣相投

两个都很优秀的学生或者两个性格互补、志趣相投的学生，他们之间容易早恋是因为相互欣赏，相互需要对方。

(4) 抵抗能力差

他们对外界的抵抗能力较差，当被别人猛追后，常常不由自主坠入情网。

(5) 喜欢攀比的学生

找异性朋友纯粹是为了体现自己的“能力”。

3. 正确区分异性好感与早恋

对异性产生好感是青春发育期的在生理上的正常表现，是无可指责的。男女生之间的友谊应该提倡，友情不是爱情。家长与教师不要一发现孩子与异性来往就神经过敏，草木皆兵。

男女生交流中的情感是纯洁的，心理上有一种“异性效应”：乐于在异性面前表现自己，展露自己的才华，引起好感。如：有的男生在女生面前劳动特别卖力，展现其英雄气；有的女生在男生面前讲题分外热心，感情充沛，充分展现自己温柔可人的一面。

（二）早教育

1. 教育原则

(1) 正面引导

一些老师和家长对早恋的学生采取简单、粗暴的方法，损害了他们的独立人格和自尊心，使之形成逆反心理，对异性的好奇感反而会变得更加强烈。

“早恋”问题，堵而抑之，不如疏而导之。首先，要尊重青少年的人格、情感和隐私，切忌不问情由一味指责。当他们有性失误时应采取宽容的态度，要看到少男少女正在学“走路”，难免有跌跤的时候，应把握分寸，恰当引导。

其次，要晓之以理，动之以情。要充当倾听者，不发火，不讽刺，不伤其自尊心，把他们当作朋友。

再次，要让他们明白异性之间的接触是以倾慕为基础的，要想让异性注意自己，就必须让自己变得更出色。

最后，要帮助学生树立高远的志向。虽然爱情是美好的，少男少女之间的相爱更是纯洁的，但在这个年龄阶段，要明白自己最该做的事是什么，生命在这个季节的确会开花，但开花的最佳时机并不是现在。不要用明天可能的“爱情幸福”来赌一去不复返的今天，只有把握好现在，做现在最该做的，才能拥有未来真正的幸福！

(2) 预防为主

苏霍姆林斯基曾说：“我坚信不移的是，高尚的爱情种子需要在年轻人产生性欲之前好久的时候，即在他们的童年、少年时期播在他们的心田里……” 中学时期是孩子身心发展最迅猛的时期，应该尽早地对他们进行爱情及性的预防教育，要以防为主，防治结合。

进行预防教育，家长、老师要帮助学生了解青春期生理变化的必要知识，消除“神秘感”；特别要让他们认识“早恋”的弊端，进而避免陷入“早恋”的漩涡。教师应经常有意识地组织异性学生间的活动，并注意男女生的配合，以增加男女同学接近的机会，这有利于消除中学生进入青春期后产生的烦恼和对异性的神秘感，使男女同学保持和发展正常的友谊。

(3) 家校及社会联教

从青少年的身心发展来看，学校教育规定着青少年发展的内容和方向；家庭、社会对孩子的影响占据了孩子一定的时间和空间。如果三者配合不当，就可能使各方面的教育相互抵消。

学校与家庭要加强互访，互通有无，及时了解学生在校或在家的表现。学校要定期召开家长会，举办家长学校，使家长了解青少年身心发展的规律，扭转过去错误的教育观念，交流并掌握先进的教育子女的方法。同时家长要努力提高自身的文化素养和思想素养，努力创设和谐、民主的家庭环境，在充分理解、尊重孩子的基础上，教育其正确处理男女同学间的关系，树立正确的性观念。

在加强与家长之间联系的同时，学校还要及时向有关部门反映学校的情况、要求，主动出击，争取政府职能部门的支持，积极参与整顿文化市场，从严整治校园周边环境；同时与社区联系，携手共建文明小区，营造有利于学生身心健康发展的社会氛围。

2. 教育方法与步骤

(1) 分析早恋原因

家长、教师首先要学会分析孩子早恋的原因，与学生进行细致沟通，站在学生的立场进行换位思考，对症下药。

(2) 讲清后果

青少年只是在生理成长的作用下，凭着好奇心去做事，处在这个时期的人一般不能自拔，所以师长要和学生说清后果，但不要威胁。

(3) 尊重情感，正面疏导

青少年对“爱”的认识毕竟肤浅，真正接触一段时间后，才会有新的认识和体会。师长应在尊重情感的基础上，正面引导，切忌粗暴地对待，给学生套上败坏道德的帽子。

3. 正确处理早恋的意见和建议

(1) 对学生的建议

要明白恋爱是没有错的，不要对自己的自然情感有犯罪感，对异性有好感，就正如树要发芽、长枝、开花、结果一样正常；不要轻易随便地表达情感，珍爱自己，让自己的情感在最合适的时候赢得真正属于它的精彩；不要做出违反中学生行为规范的事情。花儿开得过早，会提前凋零，结不出饱满的果实。

要慎重平衡中学生阶段学业和情感的关系，“只有翅膀上去掉了枷锁的鸟儿，才会飞得更高”；要提高自我保护意识，不能让早恋行为给自己或他人的身心带来伤害。

(2) 对家长的建议

要理解并尊重孩子的情感变化，不要把早恋等同于道德败坏；要积极陪伴孩子度过青春期这一独特阶段，做他们坚强的后盾，给他们必要的人生指导，帮助孩子协调处理好青春期的种种困难和烦恼，而不是打骂和威胁；不要把孩子对异性有好感当成是洪水猛兽，不要忘记自己也曾经有过青春萌动的时光。

(3) 对老师的建议

要为学生保守秘密；为孩子提供可靠的情感支持；开展有意义的相关活动，引导学生理智认识处理情感问题。不要过度营造早恋可怕的神秘紧张氛围；不要到处传播学生的私人信息；不要伤害诋毁学生的个人情感。

学生沉迷手机和网络怎么办?

一、手机问题

互联网的发展大大丰富了我们的生活,也提高了我们的生活质量。通过互联网,我们可以方便地了解时事,获取知识,与人沟通,足不出户购物,做买卖赚钱……但互联网的发展,特别是智能手机的发展是一把双刃剑,它在给人带来便利与效益的同时,弊端也很多。专家指出,青少年过度使用手机和互联网,会助长网络成瘾、睡眠中断和恃强凌弱的行为,容易荒废学业,影响健康,引发近视、失明、颈椎病等各种疾病。

手机对青少年学生的毒害已引起世界各国的关注,许多国家纷纷出台了限制令。法国国民议会已经通过中小学生禁止使用手机的法令,这一法律法规已经被提升到了公共健康的级别上。学生在学校期间,将被禁止使用智能手机和平板电脑,无论是在课堂上,还是在课外活动时,均不得使用手机,吃饭时也不例外。

英国教育标准局于2012年宣布,禁止中小学生带手机进课堂,并且明令要求学校严格执行,如果学校不能很好地制止学生在课堂上玩手机,学校将被教育督查部门问责。

德国规定学生可带手机进校园,但是“学生专用手机”,和中国的“老人机”功能差不多,不过这种手机除了打电话外,还有一些和学习相关的功能。“学生专用手机”外观充满童趣,看起来比较“酷”,分男孩和女孩两个类别。

韩国的学校配备手机存放柜帮学生保管手机。学校早上把手机收上来保管,放学前再归还。不过,一般韩国家长多会为孩子购买“学生专用手机”,功能简单,一般只用于打电话。

美国暂没有明确出台法令禁止学生使用手机,但美国大多数学校也是禁止学生在课堂使用手机的,一旦发现会收缴并处罚,严重的会要求学生离开教室,如果学生不从，会请校警配合强制离开。此外，美国大多学校会把学生玩手机和成绩挂钩。

2018 年 8 月 30 日，教育部、国家卫生健康委员会等 8 部门联合印发《综合防控儿童青少年近视实施方案》，方案中就有关于学生在校园使用手机的规定：科学合理使用电子产品。指导学生科学规范使用电子产品，养成信息化环境下良好的学习和用眼卫生习惯。严禁学生将个人手机、平板电脑等电子产品带入课堂，带入学校的要进行统一保管。学校教育本着按需的原则合理使用电子产品，教学和布置作业不依赖电子产品，使用电子产品开展教学时长原则上不超过教学总时长的 30%，原则上采用纸质作业。

根据上述情况和国家规定，学校和班主任老师要坚决做到令行禁止，并力争做好如下几方面的工作：

1. 加大宣传力度

使学生、家长、教师，乃至全社会都知道国家的规定，并严格予以配合执行。

2. 加强检查

值日生、值周教师及领导要加强检查力度，利用学生进校、课间操等机会进行抽检。班主任要把此项工作列入重点督查范围。

3. 统一保管，坚决处罚

学生把手机带到学校的，要交给班主任统一保管；学生把手机带到学校又不主动上交保管的，没收并请家长到校和学生一起填写保证书后领回；造成不良后果的，按校纪校规坚决予以处罚。

二、上网问题

2018 年 4 月 20 日，教育部办公厅在《关于做好预防中小学生沉迷网络教育引导工作的紧急通知》中指出：随着互联网和手机终端发展，成瘾性网络游戏、邪恶动漫、不良小说、互联网赌博等不断出现，造成一些中小学生沉迷游戏、行为失范、价值观混乱等问题，严重影响了中小学生的学习进步和身心健康，甚至出现人身伤亡、违法犯罪等恶性事件。通知摘要如下：

1. 切实增强责任感紧迫感

充分认识预防中小学生沉迷网络的极端重要性和现实紧迫性，将教育引导工作摆在更加突出的位置，进一步增强责任意识，健全制度机制，强化日常监管，以更大力度、更实举措抓紧抓实抓好这项工作，保障广大中小学生在良好的网络环境下健康快乐成长。

2. 迅速开展一次全面排查

发现的涉及中小学生的网络违法违规行为，以及宣扬赌博、暴力、色情等内容的网络文化产品，要及时向当地文旅、公安、网信等部门报告，会同相关部门采取针对性措施予以整治。对发现的学生沉迷网络等问题，要结合学生实际，及时给予教育和引导，恢复正常的学习生活。

3. 集中组织开展专题教育

各校要通过课堂教学、主题班会、板报广播、校园网站、案例教学、专家讲座、演讲比赛等多种形式开展专题教育，引导学生正确认识、科学对待、合理使用网络，了解预防沉迷网络的知识和方式，提高对网络黄赌毒信息、不良网络游戏等危害性的认识，自觉抵制网络不良信息和不法行为。

4. 严格规范学校日常管理

各校要明确学校各岗位教职工的育人责任，将预防沉迷网络工作的责任落实到每个管理环节，加强午间、课后等时段管理，规范学生使用手机。教师要及时掌握学生思想情绪和同学关系状况，积极营造良好的班级氛围，组织学生开展丰富多彩的班级活动。各地中小学责任督学要将预防中小学生网络沉迷工作作为教育督导的重要内容，将督导结果作为评价地方教育工作和学校管理工作成效的重要内容。

5. 推动家长履行监护职责

各地各校要通过开展家访、召开家长会、开办家长学校等多种方式，一个不漏地提醒每位家长承担起对孩子的监管职责，帮助家长提高自身网络素养，掌握沉迷网络早期识别和干预的知识。要提醒家长加强与孩子的沟通交流，特别要安排好孩子放学后和节假日生活，引导孩子绿色上网，及时发现、制止和矫正孩子沉迷网络游戏和不当消费行为。要认真做好预防沉迷网络的《致全国中小学生家长的一封信》复印发放工作，确保传达到每一所学校、每一位家长，并做好回执回收保管工作。

附:致全国中小学生家长的一封信

诸位家长:

互联网络既兴,移动终端正盛;信息交互通达宇内,图文视听精彩纷呈;有助沟通便捷,能广世人见闻,可增少儿学识,更促社会繁荣。然成瘾游戏、邪恶动漫、低俗小说、网络赌博,附生蔓延,危害孩子健康,亟须大力防范。是以倡导全体家长,恪尽父母责任,力行“五要”,与学校共筑防范之堤。

一要善引导,重监督。家长须强化监护职责,养良善之德,树自卫之识,戒网络之瘾,辨不良之讯。

二要重表率,立榜样。家长须重视网瘾危害,懂预防之策,远网游之害,读有益之书,表示范之率。

三要常陪伴,增亲情。家长须营造和美家庭,增亲子之情,理假日之乐,广健康之趣,育博雅之操。

四要导心理,促健康。家长须关注子女情绪,调其心理,坚其意志,勇于面对挫折,正确利用网络。

五要多配合,常沟通。家长须主动配合学校,常通报情况,多交换信息,早发现苗头,防患于未然。

防孩子沉迷网络,须各方尽心尽责。为易记忆、广传播,特附“防迷网”三字文:

互联网,信息广,助学习,促成长。

迷网络,害健康,五个要,记心上。

要指引,履职责,教有方,辨不良。

要身教,行文明,做表率,涵素养。

要陪伴,融亲情,广爱好,重日常。

要疏导,察心理,舒情绪,育心康。

要协同,联家校,勤沟通,强预防。

根据国家及上级有关部门的文件精神及要求,作为学校及班主任老师要力求做好如下几方面的工作:

1. 加大宣传力度

使学生、家长、教师,乃至全社会都知道国家及上级有关部门的规定,并严格予以配合执行。

2. 家校联教常沟通

家长和学校要及时沟通相关情况，发现问题联手制订工作方案，并及时请求相关人员及相关部门的支持和帮助，切实把问题消灭在萌芽状态中。

3. 加强午间、课后等家校“两不管”时段的管理

学校要统一制订相关措施，明确家校责任，堵塞管理漏洞，既不能管死，又不能放任自流。

4. 规范学生使用手机行为

无论是在学校还是在家庭，都要有学生合理使用手机的规章制度。学校及班主任要帮助家长制订适合孩子个性的合理使用手机的规章制度，并家校联手检查督促落实。

如何打造优秀班集体?

一、摸清班级情况

班主住接手新班后,欲把班级建设成为优秀班集体,首要任务是摸清班情。如学生家庭情况,学生生理、心理发展情况,学生整体道德水平,学生知识及学习能力情况,个性发展等原始资料。在此基础上规划好集体建设的蓝图。

掌握班情很重要,过程要讲究方法。班主任要确保能随时听到学生的真话,就要得到学生的信任,走进学生心灵,把学生装在心里,有爱心,有童心,尊重学生,理解学生,信任学生,关心学生。不能满足于一知半解和一些表面现象,弄清楚现象背后的原因很关键,否则班级建设和管理会如隔靴搔痒,或者陷入穷于应付的忙碌之中。

只有把班情掌握得清楚,才能正确判断班级在学习、生活、人际关系等方面的实际情况,准确地找出差距和确定奋斗目标,使班级建设增强针对性,减少盲目性,提高工作效率。要摸清班情,需要进行必要的了解、调查、观察、访问等工作。调查的方法有多种形式,如直接同本班同学谈心,征求他们的意见;经常就本班的实际情况同科任老师进行交流,他们的意见对班级建设有导向作用;征求其他班同学的意见,等等。摸清班情会使班主任自己心中有数,使整个班级的工作做到有的放矢,这是带好班级的第一程序。

通过多渠道、采取多种形式对班集体进行质和量的分析,掌握第一手材料。在摸准班级实际情况的基础上,提出能打开局面、鼓舞士气的具体班级目标及班级工作计划,从而使目标和计划既有针对性,又有激励性。

在摸清班情的同时,一个更为必要的步骤是对学生进行感情投资,争取一个月内与学生交上朋友。多与他们谈心拉家常,特别是对有心理障碍的学生和潜能生,要让他们觉得老师好亲近,老师愿与他们一道克服困难,老师尊重他们、信任他们。学生的自信心有了,做事也就自觉了。情感培养中教师还应该像慈母般关爱学生,生活困难的学生和缺少父母关爱的学生可以从老师这儿得到爱,他们就听从你的教诲。教师多献一点爱心,多伸手帮一把,学生就会感到爱的存在。朋友式的、慈母式的感情培养将会对班集体的建设起到不可估量的精神作用。

二、确立奋斗目标

优秀班集体建设中最重要的环节是确立集体奋斗目标。“凡事欲则立,不欲则废”,如果没有目标,集体的前进方向就会迷失。所以在班级创建之初就应根据班情,制定一周或一个月的近期目标,一学期或一学年的中期目标,三年的远期目标。近、中、远期目标相结合,逐步实现目标的过程会产生梯次激励效应,形成强大的班级凝聚力。

班级目标的内容主要包括学习目标、纪律目标、劳动卫生目标、坐站行写姿势目标、两操目标、书写目标、集队目标等。在目标中重点抓好近期目标的落实。近期目标要降低要求,近期目标中的一周目标尤为重要,教师要严格监控,鼓励全班同学务必达标。目标应由易到难,逐步推进,并坚持在集体中育人,让每个人的心中都有集体荣誉感与集体目标,那么集体建设就会走向成功。

班级目标的建立,不能盲目照搬别人的经验或随意性太强,要以生为本,注意对学生的人格引导,从班级和学生实际出发,尽量做到具体、形象。目标的制定不是班主任一个人的事情,它是全班师生的共同目标,因此,必须充分调动所有学生参与,只有每个学生都参与,才能充分发挥目标的巨大凝聚力,也只有与学生充分地达成共识,才能发挥目标在班级建设和前进时的巨大动力。

在实现班集体奋斗目标的过程中,要充分发挥每个成员的积极性,使实现目标的过程成为教育与自我教育的过程。每一集体目标的实现,都是全体成员共同努力的结果,要让他们分享集体的欢乐和幸福,从而增强集体荣誉感和责任感。

三、选拔培养班干部

(一)选拔

1. 任职条件

概括说,主要有四条:一是事事要走在同学们的前面,起到模范带头作用;二是在做好本职工作的前提下，帮助配合其他班干部搞好班级工作；三是联系全班同学，促进整个班级的团结融洽；四是任劳任怨，有爱心，有责任心，有耐心，无私奉献。具体说，有这样几条：

（1）能根据老师的工作要求，结合本班情况，自行或与同学合作制订班级工作计划。

（2）配合班主任教育同学努力学习，组织有关学习活动，介绍学习方法，交流学习经验，帮助同学解决学习中的困难，完成学习任务，提高学习质量。

（3）协助班主任和任课教师教育同学增强组织性、纪律性，遵守学校和班级规章制度，保证各项规定和措施顺利进行。

（4）协助班主任搞好思想教育工作，提高同学的政治觉悟、道德水平和各种能力，增强劳动观念；协助小组长正常开展工作。

（5）组织同学开展各种文体活动及社会实践活动，丰富文化生活，增进身心健康。

（6）关心全班同学的生活，团结友爱，互相帮助，共同进步。组织好班会，经常开展批评与自我批评。

（7）维护同学的正当权益，反映同学们的建议、意见和要求，促进同学之间、同学与教职工之间的团结。

（8）坚持原则，敢于向不良思想和行为作斗争，自觉维护集体荣誉。

（9）严格执行考勤制度、卫生值日制度。

2. 选拔程序

在班主任的培训指导下，班干部首次选拔要通过学生自荐或推荐、竞选演讲、民主选举的方式产生。每过一两个学期，要进行一次局部调整，调整时全体班干部进行述职报告，然后进行民主评议、改选，班主任认定。

（二）培养

1. 集中培训，个别指导

定期组织班干部开会，对他们提出总体要求。此外，还应根据班干部承担的不同工作，有针对性地给予个别指导。然后，每周五召开班干部会，总结一周的工作，根据当周的工作得失情况给予具体的指导。这样班主任就可以通过班委这个核心把自己的教育意图贯彻到全班，使班级成为凝聚力很强的集体。

2. 放心使用，耐心引导

班干部是班主任进行班务管理的助手，班主任要注意培养班干部的管理能力和民主意识，指导他们集思广益，充分发挥群体的智慧和力量。要信任班干部群体，放心地做一个清醒的旁观者，尊重他们的合理化决定，指导他们采取正确的方法、措施，支持他们的正确行动，帮助解决他们不能解决的困难。要注意在观察中指点，在示范下放手，帮助他们总结经验，逐步提高他们的工作能力和组织能力。

3. 严格要求，尊重信任

班干部是一个集体中的带头人，他们的言行对其他同学产生着极大的影响，因此要对担任班干部的学生在各方面提出更高的要求，要求他们在集体中以身作则，时时处处做同学们的榜样。但对班干部的严要求又是以尊重和信任他们为前提的，对他们提出的意见和建议，正确的给予肯定，合理的要予以采纳，未肯定未采纳的也应向他们说明理由；对他们在为同学们服务的工作中付出的辛劳，应以不同的方式给予肯定；对他们组织的有益活动应给予支持和帮助，以师长的身份指导他们的工作，以朋友的态度关心他们的进步，使他们在老师的信任和关怀下更大胆地开展工作。

4. 统一要求，因人而异

对班干部的要求是一致的，这有利于班干部整体形象的塑造，也有利于班干部自身素质的提高。但选拔出来的班干部因其家庭教育、所处社会环境的不同，就必然在兴趣爱好、性格特征、认识问题的方法等方面表现出差异，这就要求在了解班干部个体差异的基础上，根据他们各自不同的情况，采取恰当的方法进行有针对性的培养。

四、 树立良好的班风学风

良好的班风是班级顺利开展工作、健康发展的前提。一个班集体要想有凝聚力，首先必须加强团结，营造一种健康向上的班级氛围，大家同甘共苦，同心同德，增强集体荣誉感、班级自豪感，形成拼搏进取的团队精神，这种精神激励着同学们不断向前进，形成了一股强大的班级凝聚力。

当然，没有规矩不成方圆，一个优秀的班集体必须要有一套完善的班级制度来管理，为此，要经常召开班委会或班会，共同讨论班级建设计划和发展问题，发扬民主精神，调动广大同学的积极性，让大家一起参与到班级的建设当中。

一个班级的班风建设好了，才会有浓厚的学风，营造一个良好的学习氛围，让大家在这个学习气氛浓郁的环境中共同进步。

正确的舆论是一种巨大的教育力量，对班级每个成员都有约束、感染、熏陶、激励的作用。在扶正压邪、奖善惩恶的过程中，舆论具有行政命令和规章制度所不可代替的特殊作用。因此，要注意培养正确的班内集体舆论，善于引导学生对班级生活中一些现象进行议论、评价，形成“好人好事有人夸，不良现象有人抓”的风气。

五、开展多姿多彩的班级活动

（一）组织参与活动

丰富多彩的班级活动是形成优秀班集体的有效媒介，所有有成就的教育者都应予以高度重视。集体活动能发挥娱乐、导向、育人的功能。班主任要积极组织班级活动，也要积极参与学校组织的各项活动，在活动中，促进学生相互关心、尊重、理解和协作。“寓教育于活动中”对实现班集体的共同目标和每一个人的健康成长都是行之有效的。

有的班级同学之间很生疏，拧不成绳，解决这一难题的重要途径就是开展活动。当班级确立了集体的奋斗目标之后，就要组织同学们围绕这一目标，开展各种丰富多彩的活动。

（二）设计活动

1. 活动目的明确

开展各类活动，预先要设计好活动方案，明确活动的目的。活动目的明确了，活动的设计才能有的放矢，活动才能有实效。

活动能使同学们认识到个人与集体是紧密相连的，认识到个人的价值只有在集体中才能得以实现，使他们为集体的发展而努力工作，为集体的进步而欢欣，为集体的困难而焦虑，从而培养“心中有集体，心中有他人”的集体主义思想。

2. 活动项目

学习劳动活动综合安排，力求形式多样，朴实创新，尤其是在德育工作的过程中，应尽量避免形式的单一和内容的空洞呆板。适合学生年龄特点和心理特点的丰富的活动是让学生体验、感受、感悟的最好形式。

活动项目如节日联欢、体育比赛、社会调查、兴趣活动、学习讲座、参观烈士纪念馆等。

3. 活动设计要领

小学低年级要突出形象性，用活动中的具体目标、标志等充分吸引学生的注意力，赢得他们参与的热情，提高他们参与的兴趣，从而让学生在活动中获得快乐；中年级要加强组织教育，强调活动的兴趣性，注意规范性、自律性及个别差异；高年级要突出自律性，发展自动化。初高中要实现知识和趣味结合，发展思维力，培养创新力。

4. 活动设计原则

(1) 教育性

要寓教育于活动之中，使学生的素质在生动、活泼、丰富多彩的活动中得到提高。

(2) 针对性

要针对学生的年级特点、身心特点、班级实际情况，有针对性地开展班级活动。比如有学生沉迷网络游戏，可开展文明上网的教育活动等。

(3) 主体性

班级活动的主体应该是班级里的全体成员，班主任不能包办代替，要调动全班学生的积极性参与活动设计，让他们感觉到这是自己的活动，一定要想办法搞好。

(4) 知识性

通过班级活动使学生开阔视野，增长知识，开拓思路，满足学生求知的渴望，激发学生求知的兴趣，在知识的力量中产生思想的升华。

(5) 多样性

要提高班级活动的教育意义，必须注意形式的多样性。只有在歌声、笑声中，在多姿多彩的活动中，学生才会更主动，更投入。

(6) 创造性

要搞好班级活动，内容上、形式上必须不断地创新，鼓励启发学生进行创造性设计。

(7) 序列性

班级活动的内容和形式是多样的，不同的活动要有一定的联系，总体是由浅入深，由低到高，前后联系，螺旋式上升的。

六、完善的班级管理制度和激励机制

（一）班规

班规的制订应符合校规校纪，也要结合本班的实际，与校规相互对应，相互补充。比如说要有班干部监督条例、班干部任免制度、班级纪律条例、卫生条例、奖惩条例等。有了班规，还要班长不断地总结同学们的执行情况，奖优罚劣，促使同学们自觉执行班规，进而促使同学们良好日常行为习惯的形成。

（二）奖励评比制度

充分认识激励机制的作用，根据学校制订的各项奖励评比制度，在日常的班务管理中不断地进行评比与及时的总结，表扬先进，树立榜样，使不同层次的学生在思想上、学习上均树立起争先恐后、奋力拼搏的竞争意识。

（三）分级管理

一级管理，包括六名班委，负责全班各大项工作的监督总结；二级管理，包括大组长和小组长，分管各组的学习和卫生；三级管理，指科代表，负责各学科的学习情况，及时辅助任课教师的工作；四级管理，指职责长，负责班内各项小范围工作，如擦黑板、关门窗、管电脑等，把班内大大小小琐碎的工作分配到个人，使每个人都是官，都是班级的主人。

“分级管理制”实际就是全员责任分工制，每生均分给一项劳动任务和一项学习职务，在劳动、学习中增强集体主义精神和劳动、学习能力。每学期均交换一次任务，从而实现多岗位锻炼。在全员岗位锻炼中培养学生良好的劳动卫生习惯和学习习惯，提高同学间交际能力和团结协作程度。

打造优秀班集体，除要做好上述几个方面的工作外，还需要重视班级文化建设，设计好主题班会，做好后进生的转化等，这些内容在本书中都有单独阐述，故在此不再赘述。

如何开好主题班会?

班会是在班主任领导和指导下或者是同学自发的,以班级为单位,围绕一个或几个主题组织的对全班同学开展教育的活动。

班会的开展内容没有太多的限制,班会既可以是专门为解决班级目前存在的某个问题而召开,也可以就某项教育展开。活动形式也多种多样,不同的班会主题,开展形式和具体程序也会有所差异。

班会从时间上说,可分为定期班会和非定期班会。定期班会是指每周、每月、每学期、每学年中已形成惯例的班会,定期班会的内容往往也比较固定。非定期班会,往往是由班主任根据学校要求或形势需要而临时决定召开的班会,以解决具体的问题。

班会从内容上说,可分为事务性班会和主题班会。事务性班会是指为了研究、解决班级管理事务而召开的全班同学会议,如选举班委会、评选先进个人等。主题班会往往是指事先确定一个明确主题,发动全班同学进行讨论,进而达到某方面的教育目的。

在这里我们所谈论的是非定期的主题班会,其实能够开好这一种,其他几种也就大同小异了。

一、主题班会的设计原则

(一)目的性

1. 目的明确

班会的主题一定要有明确的目的,不能东讲一点,西讲一点。它不同于“大杂烩”式的班会课,每节课只要一个目的,解决一个问题已经足够,太多的目的只能分散学生的注意力,反而不能达到预期效果。

2. 针对性强

主题的确定要从实际出发，可以结合当前的形势，也可以结合学生实际情况选择容易引起学生兴趣的主题，这样才能激发学生讨论、思考、辩论的热情。主题既要有利于集体的形成与发展，又必须是班内大多数学生共同关心和感兴趣的话题；要能激发学生的兴奋点，又有一定的深度，细嚼滋味，富有哲理。

（二）全员性

1. 全员参与

全班学生参与活动的积极性和主动性是实现主题班会教育目标的前提条件，其要求应贯穿于整个活动的各个环节之中。为此，班主任要明确地提出具体的主题，分析活动的价值，设置具有感染力的教育环境，选用新颖有趣的活动方式，引导学生积极参与活动。最好整个过程让学生参与组织、实施，教师则充当"幕后指导"的角色。

2. 分工合作

在活动中充分尊重和相信学生，放手发动学生，给每一个学生动脑、动手的机会，如谁联系场地、邀请领导老师参加；谁主持，谁代表发言，谁参与游戏互动；谁拍照，谁写稿，谁总结等，都要明确分工，做到大部分同学有任务，使他们在活动中增强责任感、自尊心、自信心。特别是对于后进生、集体观念淡漠的学生和有特殊才能的学生，更应该为他们创设锻炼、成长和展示的机会。

（三）周密性

1. 组织严密

主题班会实施过程中，应注意主题班会的设计、动员、准备、实施、总结全过程要丝丝入扣，环环相连。特别是在活动中，教师要适时指导和引导学生紧紧围绕主题展开，使主题集中鲜明，结构紧凑有理。主持人讲话或串词要紧扣题目，内容充实，感情丰富，富有感染力和鼓动性。

2. 注意细节

从班会开始到结束的每一个细节，会前都要做好周密的安排，特别是一些汇报式的主题班会，要提前要求学生进行调查、研究，要舍得花时间和精力。

（四）新颖性

1. 形式新

俗话说变则新，不变则腐。活动形式要不断创新，年年老一套只能使学生厌倦。

也只有这样,才能受到学生欢迎。

2. 内容新

主题要常变,即使是老酒也要换新壶,这样才能有吸引力。

(五)延续性

1. 巩固成果

主题班会将要结束时,主持人一般会邀请班主任作小结。小结应突出中心,肯定成绩,总结经验,指出不足,言简意赅,具有启发性、鼓舞性,给活动成员留下鲜明而深刻的印象。会后,班主任除及时检查教育效果外,还应将本次班会的主题渗透到今后的德育工作中,使学生的思想收获得以巩固和提高。

2. 余音绕梁

一切事物的内部都包含着既对立又统一的两个方面。学生对一些较具争议的问题进行谈论时,不是一定要对问题下一个绝对"对"或"错"的结论。只要能触动学生对问题进行积极思考,并且使他们能在学习和生活中进行自我判断和矫正,目的就达到了。

二、主题班会的主题确定

(一)主题提炼的原则

1. 以人为本

学生有自己的喜怒哀乐,有自己的思维方式,一个远离学生思想的话题很难引起他们的关注,只有贴近学生心灵的话题才能令他们产生共鸣。所以,教师要了解学生在想什么、怎么想,要指导他们选择关心的话题,让每个人都有话可说,有情可触。如针对当前中学生恋爱的问题,设计主题"异性交往大家谈";针对学生对统一校服有意见,设计主题"统一着装与张扬个性"。这些主题从学生中来,到学生中去,体现了以人为本、以生为本的教育理念。

2. 小角度

一节主题班会的时间在45分钟左右,如果选取的主题较大,试图面面俱到,则往往是蜻蜓点水,主题的深化就无从落实。因此,主题的提炼要尽量从小处着眼,从一个侧面或一个点切入,切忌假、大、空。

3. 激励性

主题,应该是经过高度概括和提炼而产生的口号或警句,既能反映活动的实质,又能调动学生参与活动的积极性。如"诚信,从我做起,从现在做起""挫折,我们勇敢面对""给班集体插上腾飞的翅膀"等,对于青少年来说,这些富有哲理、具有青春气息的主题,可以令他们激动不已,愿意积极参与。

(二)主题提炼的方法

1. 小中见大

"小"指学生生活中的一些小事或普遍现象,"大"指这些小事、普遍现象反映出的问题或蕴含的道理。学生的学习生活中处处蕴藏着教育的契机,学生的一言一行都是其内心思想的反映,因此班主任应该充分认识到学生的内在需求,从学生实际情况出发选取主题,进行有针对性的教育。

2. 大中见小

"大"指国内外的重大事件,"小"指学生的思想实际。学生首先是一个社会人,身处于现实社会之中,受到社会生活的深刻影响,加之现在的学生民主意识增强、社会接触面不断扩大、信息获取渠道日益增多,他们的思想呈现出复杂性、多样性的特点。教育不能脱离改革开放的伟大时代,不能落后于风云变幻的国际形势。班主任在进行主题提炼时应该紧扣时代脉搏,把握教育发展的趋势,善于从国际国内的最新热点话题或大事件中挖掘主题。

3. 常规中见创新

从传统教育中拓展主题,如爱国主义教育、集体主义教育、文明礼仪教育、理想成才教育、困难挫折教育等是教育永恒的主旋律,是多年不变的"常规"主题,新时期,我们不但要赋予它们新的内涵,还要有所"创新"发展。

此外,主题班会还应顺应形势发展,拓展诸如心理健康教育、性知识教育、网络教育、禁毒教育、国际形势教育等新的教育主题,以满足新时代对学生素质的要求。

三、主题班会的形式

(一)论理式

1. 一般程序

抛出问题—自由发言—小组辩论—自由讨论—总结。

2. 阐释说明

根据班级的具体情况找出近期的焦点问题，以学生为主体畅所欲言。老师充当主持人，安排不同观点的同学穿插发言，言简意赅地归纳学生的不同观点，并适当启发引导。

讨论最后也许能达成共识，也许意见一时不能统一，但是都可以启发深思。让学生在讨论中学会如何说服别人来支持自己的观点；学会认真听取别人的观点；学会在激烈争辩中保持对事不对人的风度；最后在讨论与争辩中学会放弃自己原有的不成熟不正确的观点。

正因为这种形式的主体是学生，道理都是在他们自己的讨论与争辩中得来的，所以学生更能够欣然接受正确的观点和道理。这样的形式可以让老师更加全面地了解学生丰富的内心，更加客观地全面评价学生。

（二）文艺式

1. 一般形式

朗诵、演讲、讲故事；相声、小品、情景剧；唱歌、跳舞、演奏乐器等。

2. 阐释说明

要落实教育意图同样需要采用学生乐于接受的形式来进行，比如唱歌、讲故事、朗诵等。这些活动不是纯粹的娱乐活动，而是渗透着教育目的的活动，用娱乐的形式给同学们的生活增添色彩，在娱乐的过程中让参与者学会战胜自我、展示自我，逐步增强信心和勇气。

（三）视听式

1. 一般形式

播放图片，播放视频，播放电影片段等。

2. 阐释说明

在班会课上使用多媒体给学生播放一些与本次班会主题有关的图片（如不文明行为，感人事迹……）后，再提出问题引发学生深思，与此同时还可播放名人讲话视频，用名人名言达到教育和激励的目的。

除上述几种形式外，还可以利用郊游、参观、夏令营的时候进行主题班会。需要强调的是，主题班会的形式应该由内容来决定，无论组织什么活动，都应该选择那些最为理想的活动形式，以达到最佳的教育效果。

四、主题班会需要注意的问题

（一）不能班主任唱独角戏

1. 以学生为主体

主题班会的目的是提高学生的自我认识能力和自我教育能力，因此，学生主体作用的发挥尤为重要。主题班会成功与否取决于学生参与的态度和创造性的发挥，学生的主动性越强，主题班会的教育效果就越好。

2. 以教师为主导

班主任担任的角色应是一位“思考者”或“指导者”，需要在主题和形式的选择、激发学生的兴趣、调动学生的积极性等方面下功夫。

（二）不能放任自流

1. 把握方向

班主任在主题班会中要成为会议中的一员，积极参与其中，发现问题要及时予以提醒，不能袖手旁观，或做其他事情。

2. 出谋划策

班主任一定要结合学生的实际，帮助学生设计好每期的主题班会，帮助培训学生的口头表达能力、反应能力、思维创造能力。

（三）不能脱离实际

1. 要有教育意义

一些班会以片面取乐为主，将主题班会搞成了文艺晚会、联谊会；一些班会过于注重形式，将主题班会变成了时事教育，内容大而空，缺乏针对性、层次性，教育目标模糊。学生在这些活动中很难体会到主题班会启智、明理、怡情、育德与导行的功能。

2. 寓教于乐

主题班会所选的内容一定要适合学生的年龄特点，寓思想教育于生动活泼的形式之中。

（四）不能虎头蛇尾

1. 有头有尾

如果在准备主题班会的过程中花费了很多精力，而班会活动一结束便松懈下来，仅仅满足于学生的情绪激动，而不做深入细致的落实工作，那么就是真正的“虎头蛇尾”。

2. 跟踪教育

即使是一次很成功的主题班会，它的作用也是有限的，因为学生的思想是在不断发展变化的，班主任不可能仅仅通过一次主题班会就能把学生教育好。要使主题班会真正起到教育作用，绝不能忽略最后一个环节，即深化主题和巩固成果，也就是在班会后，班主任要进行跟踪教育。

怎样选择时机进行教育?

《学记》中“当其可时谓时”说的是“要根据学生的不同情况及特点，选择适当的时机进行教育，这叫‘诲人及时’”。教育学生不是任何时候的任何场所都会有效的，如果家长或教师不注意时机的选择，随心所欲、随时随地都拿出“教育”的武器来对待学生，就容易造成适得其反、事与愿违的结局。只有正确把握或等待最佳时机，当学生的内心产生需要时，我们的教育才会达到预期的效果。

同样是教育学生，由于情感、情境、时间和场所等环境不同，效果就不一样。

一、在和谐的关系中时时有机会

“亲其师，信其道。”人们通常有这样的体验：当被亲近或崇敬的人表扬时，会欣喜不已；当被亲近或崇敬的人批评时，会格外愧疚，即使批评有时很过火。哪位老师亲近、关怀自己，学生就喜欢上哪位老师的课，并在上课时能心情愉悦，积极思考，踊跃发言。学生的积极反馈与配合，也激发了老师的活力和灵感，生动、活泼且有实效的课堂也就随之生成了。

良好的师生关系、深厚的师生感情可以使沟通的渠道每时每刻都畅通无阻，教育效果也不再因各种条件的限制而有所不同。因此，教师作为师生关系的主动调节者，要为人师表，有高度的责任感，要热情关心、尊重、爱护和理解学生，与学生建立起深厚的感情，让学生认可和接受教师的教育，从而使学生健康、快乐、全面地发展。

二、在教育的“零公里”处寻求转机

一种行为习惯一旦养成，就很难改变，尤其是对自控力比较弱的学生来说更是如此。但是，有一种情况例外，那就是当学生由一个情境转换到另一个情境时，如到一个新学校、新班级，进入新学年、新学期等，往往会出现教育的新契机。这是因为外部环境在很大程度上影响并制约着学生的积极性，新的情境会给学生带来新鲜感，加之内心"自尊"的催化作用，会使他们产生新的自我激励心理。这种情感使学生对自己的未来充满信心，渴望在新的班集体中，在新的开始时能够得到新同学的友谊，获得老师的信任。即使这个学生有不良行为习惯甚至是劣迹，也具有重新塑造自我形象的愿望，他们变得愿意按新情境的要求调整自己的态度和行为，愿意接受老师的批评教育。对此，老师尤其是班主任要充分利用学生进入新情境时内心的变化，给予热情的鼓励，帮助他们树立新的目标，点燃新的希望，改变不良的行为习惯。

三、在需要时给予帮助

青少年学生好奇心强，易于激动，周围世界的很多事情或活动常会引起他们的兴趣和特别关注，进而引起某些需求和愿望。当某种需求表现得特别强烈时，就会成为支配学生该时期的主导力量。此时，愿望的解决有利于学生的发展。但是，受认识水平的限制，学生的不少愿望超出了客观现实，加上缺乏正确的方法和充分的条件，往往会造成愿望的落空，从而产生焦虑、懊恼等不良情绪。这种情形下，学生一般有强烈的求助心理，他们希望通过教师或家长的帮助来满足内心的愿望，教育的时机也就随之而来。

教师或家长要了解、掌握学生在不同时期的愿望和需求，帮助他们分析形势，认清自身条件，摆脱不合实际的幻想，支持他们确立新的奋斗目标，帮助他们找到解决理想与现实之间矛盾的方法，鼓励他们积极创造条件，实现那些具有现实可能性的愿望。

四、在成败中给予激励

学生在学习或参加各项活动中取得佳绩，得到表扬、奖励的时候，往往迫切希望得到同学、老师的认可和肯定。这时，教师若能帮助他们认真总结获得成功的经验，给予适当的鼓励和宣传，且能使他们明确新的目标和具体的要求，不仅能激发学生继续进取的热情，强化其学习、活动动机，而且对其他同学也可以起到很好的带动作用。

但是，在学生遇到失败、遭受委屈或犯了错误的时候，更需要人们的热情关怀和正确引导，教师或家长若能主动以冷静、宽容和同情的态度去帮助学生，而不是训斥，学生就会产生感激之情，就会容易表现出悔悟之意，也就容易接受教师或家长的告诫，此时，是进行教育的大好时机。如果教师或家长能及时给予鼓励、批评和引导，帮助其走出困境，改正错误，并挖掘其潜在的积极因素，就能够使学生逐步走向成功。

五、在面对压力时给予疏解

青少年学生的心理还不成熟，身心发展还处于不平衡状态，他们对学校或家庭中的许多事情以及人际间的诸多矛盾，还不理解甚至是疑惑，极易造成情绪上的波动，心理上的压力。此时，他们最需要得到别人的理解和帮助，希望尽快找到解决问题的方法和途径。教师或家长要善于观察和分析学生的心理变化状况，针对学生，特别是"后进生"的不同问题，采取不同的应对措施。例如学生在学习、生活中受到挫折，情绪低落时，教师或家长的鼓励和帮助会给他们一种雪中送炭的感觉，此时的教育就比任何以往的教育更具有感染力和说服力，也最易于促进学生的转变；在学生遇到同学、家庭成员之间的矛盾手足无措、心烦意躁时，教师或家长的关心、指点会有利于他们情绪的调节，帮助他们尽快走出困境，进而健康成长……

六、在时间、地点上慎重选择

何时对学生进行教育比较恰当？当孩子同你讨论某个人的个人问题的时候，当孩子看上去非常激动而又没有说清楚到底是怎么回事的时候，当孩子为某件事而兴高采烈或情绪低落的时候，当孩子需要别人帮助他作出决定的时候，当父母或老师想让孩子解释某种事或同自己讨论某件事的时候……

何时不宜于对学生进行教育？对学生而言，在家中吃饭时、上学前、就寝前、情绪激动时，与同伴一起玩或亲朋好友在场时；在学校上课时、活动中，情绪不稳定时，积极做某事或参与某项活动时……对教育者而言，教师或家长心情不佳，过于疲劳，或工作中遇到棘手问题又必须尽快处理时；孩子身上存在严重问题，师长没有了解清楚事实真相时；父母没有相互沟通解决问题的方法和途径，没有形成合作体时；孩子没有做好沟通的思想准备时……

何地对学生进行教育比较恰当？有些教师批评学生不分场合，在教室或办公室当众指责、训斥，认为教室或办公室气氛严肃，批评具有威慑力。这对于性格内向、自尊心强而自信心不足的学生来说，是遭受了莫大的羞辱，认为这是老师故意在众人面前让他下不了台，嘴上不说，心里不服，即使红着脸认错，背后依然我行我素，与老师唱对台戏；有的学生性情暴躁，容易冲动，一旦在教室或办公室挨批，就会觉得大失面子，情绪失去控制，知错而故意不认错，甚至会公开顶撞老师。凡此种种，都使批评失去效力，难以收到预期效果。因此，教师应当尽量避免在教室或办公室当众批评学生，尽量利用课间休息、课外活动时间选择一个例如走廊阳台旁、校园小道上、花圃旁等适合的场所，可以缓解学生的思想压力，创造师生关系融洽的条件，使学生心平气和地接受批评教育。

教育在哪里等待会更好?

《管子》有云:“十年树木,百年树人。”这道出了培育人才艰难曲折,周期漫长的事实。一个人从幼稚走向成熟是需要时间的考验、过程的锻造的;一个人良好的行为习惯的养成是需要从小抓起,从小事做起的。这些是不能一口吃个胖子,一锹挖个井的;是不能指望一两次批评或表扬,一两次谈话或暗示等教育活动就能立竿见影的。

教育是按一定要求培养人的工作。“人不是一件东西,他是一个置身于不断发展过程中的生命体,在生命的每一时刻,他都正在成为却永远尚未成为他能够成为的那个人。”马克思的这句话说明了教育过程是永无止境的,揭示了教育不能急功近利的道理。实践证明:教育是一个过程,是一个需要不断教育,需要期待进步的过程,这种“教育—期待—再教育—再期待”的循环往复的过程是需要教育工作者的耐心、细心和爱心的,是需要智慧,需要等待,需要寻找最佳教育时机的。

一、矫正错误的过程等待

(一)行为习惯上的错误

苏联伟大的教育家苏霍姆林斯基有这样一个教育故事值得深思:一年级女学生季娜在祖母病重时想给她采一朵鲜花,以使其得到一些欢乐。但时值严冬,只有学校的暖房里才有菊花。于是,她将学校的规定置诸脑后,把全校师生极为喜爱的那朵最美的蓝色“快乐之花”采摘下来。恰好此时,苏霍姆林斯基走进了暖房,当他看到季娜手里的菊花时,大为吃惊。但是,他没有急于批评小季娜,而是对视着孩子那种无邪、恳求的目光,和蔼地向她询问采摘菊花的理由。当他得知季娜摘花是送给病重的祖母时,非常感动地说:“季娜,你再采三朵花,一朵送给你自己,为你有一颗善良的心,另外两朵送给你的父母,为他们教育出了一个善良的人。”苏霍姆林斯基用耐心和等待,挖掘出了孩子犯错误背后的感人故事,并用鼓励的教育方式,使孩子懂得了“亲情”“善良”的重要。

当学生犯了错误时，不要不分青红皂白、劈头盖脸就是一顿批评训斥，特别是对待那些脾气暴躁、任性倔强的学生，更要讲究方法，留有一定时间和空间，以便弄清事情的来龙去脉，弄清学生的真实想法，这样的教育才能有针对性和说服力，才能真正解决思想问题。

（二）学习上的错误

学生在学习中必然要犯这样或那样的错误，学习的过程其实就是一个试误的过程，是从错误走向正确的过程。因此，对待学生的错误，教师要心平气和，不可动辄讽刺挖苦，打击学生的积极性，也不应千篇一律地直接指出其错误所在，然后再给出正确的解答。教师要有耐心，要让学生说出自己的思考过程和方法，仔细倾听学生的叙述，针对学生的错误不断地追问，让学生自己发现错误，进而纠正错误。

学习上的每一处错误和每一个新的知识点，对学生来说都是一块未开垦的处女地，应该先让学生尝试自己开垦，给他们提供一个自我矫正、施展才能的机会。教师不要急于分析、解释，应让学生独立思考，找出问题的原因以及与已有知识的异同和联系，给足时间，“等待”学生去动脑，动手，动口。

二、课堂教学时机的等待

课堂教学中的时机等待，就是密切关注学生的学习动向，寻找学生的认知障碍，讲究“不愤不启，不悱不发”，使教师成为学生成长道路上的指导者。

（一）新课引入后的等待

为激发学生探究新知识的兴趣和动机，在学习新课时，教师往往要设计一定的问题、情景或演示实验来导入，启发学生积极思考，让学生用已有的知识去解释新的知识。如果学生不能给出合理的解释，教师需要等待，不必立即给出答案，设置好这个悬念，让学生带着问题去自学新课程。然后引导学生讨论，尽量让他们自己得出结论。这样，更有利于省时而高效地达到教学目标。

（二）课堂提问后的等待

有效的课堂提问，不是急于给予过多的解释与引导，而是留给学生足够的独立思考时间，要使热闹的课堂沉寂下来。然后，要让更多的学生参与讨论，并形成一致的看法。这样的提问不仅能激励和诱发学生的思维,集中学生的注意力,而且能优化课堂教学过程,使课堂始终处于和谐的师生共同探究的氛围之中,进而提高课堂教学效率。

(三)重难点教学后的等待

采取多种手段进行重难点知识强化,是教学中需要花费大量时间去做的工作。但是,经过反复强化讲解、训练后,学生对这些重难点知识,往往还会存在着这样或那样的问题。这时,教师应当遵循循序渐进的原则,采取重点突破、难点分散、多轮循环强化的办法,给学生充足的时间,让学生去讨论交流,甚至争辩,教师要有机地组织学生进行合作学习。时机一旦成熟,教师要对问题进行全面的剖析,教给学生思考问题的模式和途径,力求让学生在模仿老师的思维方式、方法的基础上,对问题所涉及的知识点进行细致的筛选,重温相关知识。这样,在训练学生解题能力的同时,进一步巩固相关的知识点,其效果就会比较理想。

(四)新课结束时的等待

一节课即将结束,教师不要习惯于自己总结,直接告诉学生本节课学习的主要内容,应该引导和组织学生自己去总结,自己去梳理知识,理清重难点和疑点,明确下一步的学习目标以及需要解决的问题,然后,师生集思广益,统一认识。这也有利于教师在下一步的教学活动中,对教学内容进行必要的调整和补充。

课堂教学中的合理、巧妙、适时的等待,并不是教师短暂的休息、学生片刻的放松。此时的教师要监控课堂进展状况,分析来自课堂的各方面信息反馈,紧凑安排,稳步推进课堂教学进度;此时的教师要全方位地调动学生的积极性,激励学生不断地思索,主动地进行知识的探究、领悟和应用,切实向课堂四十五分钟要质量。

等待在教育教学中的作用是巨大的:它是一种期待,期待学生在从容、自由的气氛中深入思考,相互启发,畅所欲言,期待学生在知识积累中有所感悟,期待学生融会贯通并形成良好的学习习惯;它也是一种赏识,它可以使学生陡增自信,教师一个不经意的赞许眼神、一脸灿烂的笑意、一段赏识的话语都会令学生怦然心动;它又是一种信任,信任自己的学生都是好学生,遇到问题不依赖于老师,自己可以做到;它还是一种保护,在等待中为学生提供心理安全的环境,在这样的气氛中培养学生勇于发现自我,表现自我,逐渐形成独立思考的能力,形成强烈的问题意识和创新意识;它更是一种艺术,它需要教师站在学生的立场上,感受一切,理解一切,把学生看作一群活生生的孩子,在教育教学中需要教师适当的评价、适时的点拨帮助、精心的铺设、真诚的鼓励,这不仅可以满足学生探求知识的欲望,而且能够培养学生主动探求知识的意识,真正体现学生学习的主体地位。

等待不是消极坐等,不是守株待兔。等待是表面上的静止不动,暗地里的积极观察、分析,并努力寻求解决问题的方法和途径,这是另一种的退一步海阔天空,忍一时风平浪静。

教育要把握最佳时机,就要学会等待,而等待的最终目的也就是要把握教育的最佳时机,使教育更加有针对性、计划性、目的性和实效性。

需要特别强调的是,作为一名现时代的教育工作者,不能仅仅满足于抓住或等到了教育的最佳时机,还要善于把握教育对象思想矛盾的“疏解点”,善于揭示矛盾运动的规律,从而创造一个又一个新的教育契机,即教育也要讲究“有时机要教育,没有时机创造时机也要教育”。

上学训、放学训的养成教育方式如何进行?

上课有上课礼，下课又有下课礼。那么上学、放学这两个“开与合”的关键性的环节又该怎样才能“开”得好、“合”得妙呢?

新学年、新学期开始了，一般要有开学典礼，表达对新的学年、新的学期的美好理想和愿望；一个阶段或一个学年、一个学期过去了，一般要有毕业典礼或散学典礼，总结一下得与失，展望美好的未来；新的一周开始了，一般要有升旗仪式，总结前一周工作，布置下一周工作……那么这平素的每一天的开始以及每一天的结束就成了被人们遗忘的教育角落，可是养成教育又是需要从一点一滴抓起的，隔三岔五地抓就不如天天抓的效果好；天天抓一时，就不如天天时时抓的效果好……

养成教育需要有一个循序渐进、由浅入深的目标系列。如初一新生要进行从小学到初中的适应教育，校训、校风和校规教育，中学生守则教育，日常行为规范教育等等；初三要进行中考应试教育、毕业理想前途教育等等——这些实际上是只有个框架的大目标而已。而这个大目标具有什么样的内涵，内涵中的项目之间、大小目标之间、平行中的目标之间各是什么关系，怎样形成一个梯次的序列，通过什么形式来落到实处等等一系列问题都需要我们自己来设计。

怎样设计? 和上课礼及下课礼一样，每一天的开始及结束添加一个“上学训”和“放学训”，是对学生进行养成教育的切实可行的比较理想的方式之一。

“上学训”和“放学训”是以班级为单位，每天早晨来到学校的第一个和放学前要离开学校的最后一个训导性的活动。它的程序和内容一般是：首先由教师或学生代表宣读“训导词”，然后学生齐诵“训诫语”，最后教师发表“训结语”。“训导词”是教导训诫学生的话；“训诫语”是学生自己告诫自己的话；“训结语”是教师根据“训导词”和“训诫语”的具体内容所作的总结，明确要做什么和怎么做的问题。

每一次的训导词和训诫语都要事先拟定好，或装订成册，每次标记一条；或打到屏幕上或写在黑板上，要求学生抄写。每一次活动前都要给学生一两分钟背诵记忆训导词和训诫语的时间，待大部分学生记熟内容之后再开始活动。教师的最后训结语虽可以预设，但要根据当时的活动状况有所调整，这样更有针对性。

上学训和放学训的具体内容是随常规教育内容及学生学习、思想状况的变化而变化的，可一天换一个内容，也可以两三天或一周换一个内容。如初一第一周或开学时的前两三天的上学训的训导词可设计为："亲爱的同学们，你们已跨入中学的大门，开始经历你人生的第一个转折点，你将如何面对这全新的环境和全新的自我？这是你们每个人都要思考并且需要给出明确答案的问题。"

上学训的学生自我"训诫语"要根据教师的训导词的内容来设计。如根据上述的教师训导词的内容，学生的自我训诫语可设计为："从今天起我已是中学生，新的学期、新的开始，我要有新的打算、新的面貌……"

上学训的教师"训结语"要根据训导词和学生的自我训诫语的内容来概括。如根据上述的训导词和训诫语的内容，教师的训结语可概括为："良好的开端是成功的一半，有了计划还要付诸实施才能见效，就让我们一起去互相监督，一起去行动吧！休息五分钟，准备上课！"

放学训的内容要根据上学训的内容来设计，既可重复上学训的内容，又可根据上学训的内容进行强化或深入。如根据上述上学训的内容，放学训的内容就可设计为：

教师训导词："新的生活就这样开始了，今天（或这几天）你有了什么新的收获、新的变化？"

学生自我训诫语："认真反思，及时总结得失，写出来和大家交流……"

教师训结语："那好，请明天交一份自我反思录吧！放学！"

第二周或第二次的上学训则可承接上次的内容及这一阶段的学情、教情状况来设计，如：

教师训导词："亲爱的同学们，你们已在中学度过一周（或几天）了，这里的老师、同学你都熟悉了吗？这里的教学方法、学习方式，这里的环境，这里的生活你都适应了吗？

学生自我训诫语："学会适应，学会学习，学会生活……"

教师训结语："说起来容易，做起来难，让我们脚踏实地地在学习中适应，在学习中生活，做既会说又会做的合格中学生！休息五分钟，准备上课！"

上学训、放学训的设计，要以切实可行，不空喊口号的实效性为准则，要根据具体情况对其内容和形式进行加减变通。既不能死板教条的一个程式不变，又不能没有计划，没有目的，没有步骤，没有预设内容，不能随意性太强；既要使活动丰富多彩、饶有趣味，又要具有教育意义。第一次和第二次、第三次乃至于第十第十一次等等，既要形成一个具有梯次的教育序列，又要根据变化的情况而适时适地的进行调整。如今天学生要参加考试，那么今天的上学训的教师训导词就可设计为："考试只是对平时学习状况的一次检查，既要调整心态，以平常心对待；又要讲究方法，不放过任何一次证明自己的机会。人生的考试千千万，非一次考试定成败，要勇敢面对。"学生自我训诫语则可设计为："稳中求快，以细节取胜；淡化结果，相信自己。"教师训结语可以是："轻装上阵，开动脑筋，发动机器；调整自我，战胜自我，超越自我。出发！"

上学训、放学训和上课礼、下课礼一样都是一种持之以恒的、程式比较固定的、且用时比较短的学前、学后、课前、课后的教育活动。所不同的是，上课礼和下课礼的教育内容及形式是固定的，且侧重的是"礼节"，即调节心理的礼节性仪式，而上学训和放学训虽形式大致雷同，但内容却是一个循序渐进式的教育系列目标，它侧重的是"训导"，即教育和自我教育。

上课礼和下课礼的主要作用是调节注意力，进行礼貌教育。而上学训和放学训的作用和意义则更加宽泛和深刻，其中最主要的是心理暗示作用，即用提示的方式，以含蓄、间接的办法对人的心理状态产生迅速影响的过程。"教师训导词"对学生来说是他人暗示，即学生从教师那里接受了某种观念，使这种观念在其心里发生作用，并使它实现于动作或行为之中；"学生自我训诫语"则是自我暗示，即自己把某种观念暗示给自己，并使它实现为动作或行为。

暗示分积极暗示和消极暗示，如果你总想着美好的事情，美好的心态就会跟着来；如果你总想着邪恶的事，邪恶的心态就会跟着来。上学训和放学训则是一种积极的心理暗示。

美国心理学家威廉斯说："无论什么见解、计划、目的，只要以强烈的信念和期待进行多次反复的思考，那它必然会置于潜意识中，成为积极行动的源泉。"上学训和放学训就是要通过积极的心理暗示的反复运用来经常暗示学生接受积极的观点，从而使之永远充满自信！

上学训和放学训不仅具有心理暗示作用，还有激励作用、警诫作用等等。

也许有人会说："现在应试教育搞得人们手忙脚乱、焦头烂额，哪还有时间搞那些东西!"其实则不然,这些东西如果搞得好,不仅不会影响应试教育,反而具有帮助促进的作用。另外,它可是货真价实的素质教育啊!

也许有人会说:"提高学习效率得靠一点一滴的刻苦积累,只靠那些空洞的说教顶什么用?还不是搞几个花样给别人看?"其实也不尽如此,现实中,有许多大家都认为是形式的甚至是花哨的活动,待你参与过后,细细咀嚼,却会觉得收获不小,终生难忘。小时候的那一次班会课、那一次聆听名人报告、那一次演课本剧、那一次排练合唱、那一次演讲比赛等,这些似乎与学习书本知识无关的所谓"花哨的东西",难道你都忘记了吗?难道对你的人生成长一点意义和价值都没有吗?不是的!每个人的人生都是在一次次的活动中增长知识和才干的。

有限的教育时空,无限的教育契机,我们都发现了吗?我们都抓住了吗?

怎样化解忤逆博取爱的教育情结?

A是一名男孩,初中二年级,今年14岁,身高1.74米,英俊潇洒。性格有些内向,见到女同学有些腼腆。由于品学兼优,深得老师和同学的喜爱,尤其是女同学都愿意和他接近,喜欢逗他以寻开心。

B是一名女教师,今年24岁,身高1.69米,秀气漂亮,性格开朗大方,气质高雅,教育教学素质颇佳,深受学生的喜爱。B大学毕业的第一年就在初中一年级教数学,见小A如此优秀,心中自然有些偏爱。课堂巡视,有意无意总是走到他的身边停留,看着他做功课,似乎想发现点什么;个别辅导,总是愿意在他身上不厌其烦地花费时间;课外找学生谈话,也经常少不了他的身影。

小A对这一切虽懵懵懂懂,但也很喜欢年轻有活力的B老师。在她的面前,他更积极地表现自己,数学的单科成绩也多次获班级第一、年级前几名。B对此非常满意,在班级里、办公室中经常将他挂在嘴边。初一下半学期,B把科代表的头衔又戴在了他的头上,尽管他已经是学习委员,尽管原来的科代表做得也不错,尽管班主任老师并不完全赞同,但她仍一意孤行。

教师的工作是辛苦的,尤其是对于缺乏经验且上进心又十分强的年轻教师来说。职业的特点使她不可能只顾他一个人,而他为了更多地接受她的"批评教育",更多地聆听她的"谆谆教诲",经常会采取一些作业会做却大量空题、考试故意答错等小伎俩来等待她的"个别指导"。

随着时间的推移,转眼到了初二下半学期,他一直保持优势的数学,成绩大幅度下降。同时,由于各学科学习难度的加深,中考时间又临近,各方压力也在不断加大,他的各学科总成绩也有所下降,尤其是英语,基础本来就不好,再加上对数学的偏科,导致成绩大幅度下滑,甚至有些力不从心了。

B仿佛明白了点什么,她看在眼里,急在心上。"昨天作业为什么没有完成?"B疑惑地问。"我不会做!"A干脆地回答后就将头低下来。"我要找你爸爸妈妈,跟他们说个明白!”“随便吧!”……

对A的这种学习态度以及对待老师的这种状态,B非常苦恼,她曾不止一次地为他哭过,失眠过,也曾不止一次地向班主任、老教师请教,可就是找不到解决问题的办法,她十分难过……

这是一个在中学阶段普遍存在的典型例子,高中比初中尤甚。青年异性师生一旦陷入这种感情纠葛,就会严重影响教与学的效果。而一旦出现这种情况,当事的双方又往往不愿向别人透露,仿佛有点“剪不断,理还乱”的感觉,即使说出来,也说不清楚这是怎么一回事。

那么,究竟是哪里出了问题,又该怎样解决呢?

一、明确原因

这是异性的年轻师生之间的关系处理不当所造成的后果。中学生,尤其是高中生,已具有强烈的独立意识和爱的需要、尊重的需求以及自我实现的追求。他们的心理正处在迅速发展并趋于成熟但又尚未成熟的阶段,这期间的心理活动表现出既丰富又矛盾的特征:

(一)心理品质发展不平衡,情绪波动大

自尊心强,但自制力等意志和毅力又相对较弱,在生活一帆风顺和得意时,常有明显的优越感和盲目自信,一旦遇到困难和挫折,又极易于转向反面,产生自卑感甚至悲观失望等消极心理反应。小A各方面条件很优秀,所以颇得师生喜爱,当发现B不是专心致志、全身心地爱自己的时候,就产生了悲观失望,甚至是故意和老师过不去等消极的反应。这也是许多独生子女“爱”的自私的表现。

(二)人际关系不协调

中学生需要友谊,需要别人爱和爱别人,把友谊看成是生活中的重要组成部分,没有伙伴,会使他们感到苦恼孤独。友谊给他们带来欢乐和支持,但由于自尊心强,感情丰富而起伏性大,不少人往往不能正确理解和处理自己与他人的关系,尤其是与异性之间的关系,进而产生人际关系的紧张,带来心理上的不平衡。小A错误地理解了老师的爱和朋友之间的爱以及异性之间的爱的联系和区别,以至于产生心理上,尤其是感情上的不平衡。

此外，自我意识、自我实现的观念与认识不强，是非辨别能力相对较弱等问题都可能对他们的心理健康产生不良的影响。

二、解决方法

（一）说明原因，明确态度，避免误解

以座谈的方式，开诚布公地明确一系列问题，如以前为什么要那样对待你，现在你的变化为什么又使我改变了态度，今后我们要怎么做等，也要使他吐露真情，不再避讳，并力求达成共识。必要时可请学校领导、班主任以及学生家长等参与。

（二）严格要求，一丝不苟

对他身上存在的缺点和错误一点都不能迁就，要从严对待，铁面无私。严格要求的同时又要暗示着爱，即只要你努力奋斗，品学兼优，我就表扬你、赞美你，否则便是严格的批评教育。要使他明白，这样做是教师教书育人的神圣职责，使他懂得“严”也是对他的“爱”和负责。

上述小 A 出现的状况，B 教师应负有不可推卸的主要的责任，她在教育教学的过程中没有处理好师生之间的关系，缺乏教师应有的分寸感，也缺乏对中学生心理特征的了解和把握，更缺乏处理此类问题的经验和基本常识，正因为如此，才造成了小 A 极端化的思想行为。

三、如何避免

在平时要怎样处理异性师生间的关系，从而避免类似问题的发生呢？除了要不断学习和探索教育规律、积累经验以外，还要注意下列几个问题：

（一）恰当把握与异性学生在教育教学过程中交往的度

做任何事情都要有个度，讲究分寸。“上课是师生，课间可以是朋友”这个原则一定要遵守，课上讲究民主和自由的同时，还要有为师者的“师道尊严”。良师益友，对学生而言，教师既是好老师又是好朋友，但教师最根本的角色还应是学生的好老师。这些观念是不因性别的不同而有所区别的。

教师要调控好和谐相处的度，尤其是异性的年轻师生之间的交往要注意保持适

当的距离。“距离产生美”，适当的距离可使青年男女同学与异性青年教师的情感之间有一种心理上的平衡，从而产生一种向心力。过分亲近会混淆师生之间的教与学，以至于性别之间的关系，重者，教师失去课堂的掌控能力，课堂纪律就会成问题；过分疏远又会间隔师生关系，学生不敢或不愿接近老师，就不能“亲其师，信其道”，重者，师生关系僵硬，形同陌路，教育教学效果就会大打折扣。

年轻的异性师生之间，有互相爱慕的潜意识，是人之常情，无可厚非。有水平、有风度的青年男教师或气质佳且漂亮的青年女教师，他们讲台上的英姿极易在风华正茂的男女学生的心湖上泛起涟漪，他们会把对老师的崇敬之情逐步衍化成朦朦胧胧的爱，甚至达到一发不可收拾的境地。青年男女教师在讲台上同样能接触到那些成绩优秀、相貌出众的男女学生那温情而充满敬爱的目光，天长日久，就会产生一种无法说清的情感，如果任其发展，也会对自己的学生产生爱慕之情。师生是教与学的关系，不管从社会道德来说，还是从教育的特点、学校纪律来说，都不允许师生在校期间形成准恋人、准情人的关系。尤其是教师要“为人师表”，所以，加强自我认识，自尊、自强、自爱，使师生交际距离保持适宜的度更显重要。教师不仅自己要杜绝该类现象，而且发现学生有以上情形时，也有责任及时教育，以防患于未然。

以上这个“度”，教师首先要清楚明白，恰当把握，以身作则，率先垂范，然后还有责任、有义务帮助学生形成正确处理男女师生之间关系的观念。现代的中学生，领悟力强，知识面宽，只要引导到位，他们是很容易做好的。

（二）讲究与异性学生在教育教学过程中交往的方法

首先，和不同性别类型的人交往要有不同的方法：对待外向型的学生，可以与他们打成一片，很直率地批评或表扬。对待内向型的学生，要谨慎行事，因为他们往往多疑多思，不会轻易倾吐内心的想法，如果与他们太接近，他们会觉得自己做得不好或者做错了；不与他们接近，他们又会有失落感。男生一般与老师比较容易亲近，因为他们胆大、顾忌少，所以对待他们可以粗犷一点；女生相对而言会与老师的距离远些，因为女生总爱把想法藏在心里，所以对待她们要耐心细致一点。

其次，要正确处理谣言。有些不爱学习的学生和某些无聊闲人专爱干些无中生有、搬弄是非的事。他们看到某些青年男女师生来往甚密，便有意无意地编出许多曲折、离奇的故事，人们以一传十，便信以为真。遭遇此类情况，要保持冷静，既不要一时冲动，假戏真唱，真的相恋，也不要无颜见人，从此消沉，中断往来。正确方法是不为谣言所动，坚持正常交往。身正不怕影子歪，时间可以澄清一切，谣言最终会不攻自破，烟消云散。

再次，个别谈话要把握分寸，讲究艺术：

一是目的明确。是要批评，还是要提醒？要开宗明义，使学生消除疑虑。切忌开始谈话时转弯抹角，离题万里，让学生如坠云雾，如果这样，处于青春期的学生就有可能产生疑问："既然无事可谈，老师为何要找我？是不是特别关心我？是不是在表达对我的好感或者是爱意？"从而对异性的师生之间的关系产生错觉。

二是时间、地点恰当，要控制次数，以免误会。从时间上说，一般在课间、中午或放学后找异性学生个别谈话比较合适。每次谈话的时间不宜过长，尤其放学后不要留学生时间过长。谈话次数也要控制，要注意的是不能总是找同一名异性学生谈话。对需要重点教育的学生，次数可适当多些，但不妨让其他教师一起参与。地点的选择一般是在办公室里比较适宜。有些事情为了避开其他老师，以照顾异性学生的自尊心，可以把地点移至操场或者是走廊上等师生都能看到之处。切忌在校园幽静阴暗的树林、人迹罕至的角落、单身教师宿舍或校外等场所跟异性学生个别谈话。

三是言行举止要文明。表情要温和可亲，态度要庄重。说话平稳，措词妥帖，既要表达关心之意，又不能表示对异性学生有特别的偏爱。不开任何玩笑，不说半句粗话。对异性学生羞于谈及的问题，应一概回避。批评时语言宜中肯，忌尖刻；表扬时语言宜适度，忌过分。穿戴要整洁，忌蓬头垢面、披头散发，甚至是穿着背心、短裤、拖鞋、睡衣睡裤等。谈话双方要保持一定距离，距离过远，显得老师缺乏热情，不利于师生感情交流；距离过近，异性学生可能感到局促，好事者可能会制造一些流言蜚语。

总之，异性的青年教师和青年学生在教育教学过程中的交往是一门学问，也是一门艺术，需要教师，尤其是刚参加工作没几年的年轻教师进行深入的学习和探究。学生忤逆以博取爱的表现形式，只是教育情结中的冰山一角，其他问题尚还有许多。

教师应怎样倾听和赞美?

学校教育是教育者根据一定的社会要求和受教育者的发展规律,有目的、有计划、有组织地对受教育者的身心施加影响,期望受教育者发生预期变化的活动。可是在教育教学过程中,教师往往以教育者的特殊身份自居,高高在上,强势地对学生"施加影响",不懂得倾听学生的心声,和学生打成一片,不能按学生的身心特点去施以教育,主观臆断,更不懂得赏识和赞美、激励和鞭策,只会批评和惩罚。教育脱离实际,背离教育规律,效果事倍功半。为此,教师,尤其是班主任,转变观念,学会倾听学生的心声,做学生真正的朋友,善于发现和捕捉他们身上的闪光点,进而去欣赏和赞美他们,就显得十分重要。

一、学会倾听

(一)教师为什么要学会倾听

课程改革使教师角色和教学过程发生重大变化,教师要从传统的知识传授者转变为学生学习的合作者、引导者和参与者,教学过程要成为师生共同交往、共同发展的过程。交往意味着人人参与,意味着平等对话。教师要让学生认真听讲,自己首先要学会倾听。

教师学会倾听,对于正确的实施教育大有好处。概括地说,倾听可以增加信息和知识,减少误会和冲突,增加实现愿望的机会,及时获得反馈,加深相互理解。具体地说,有如下几个方面:

1. 倾听是一种交际互动

人际交往成功的一个重要因素是倾听。交往在倾听中展开,可以促进教师与学生的交往。倾听改变了以视觉为中心的狭隘的交往结构,为教师提供了一套以听觉为中心的新的交往模式,并创造出一系列丰富生动的交往技艺。李政涛先生说过:

"教育的过程是教育者与受教育者相互倾听与应答的过程。当这一过程被阻断或者混乱无序的时候,师生之间的交往和沟通就将陷入困境,教育的危机也将随之出现。"如果教师拒绝倾听,把自己的教育变成"独白",实际上是在人为地将自己与学生隔离开来,拒绝与其交往和对话。倾听是一种转换,是站在他人的立场上了解自己和对方,拒绝这个转换,就是拒绝与他人交往。

2. 倾听本身就是一种教育

乌申斯基说:"如果教育者希望从一切方面去教育人,就必须从一切方面去了解人。"真正的教育是从心与心的对话开始的,而心与心的对话又是从真诚的倾听开始的。不会做真诚的倾听者,就很难做优秀的教师。建构主义教学理论认为,知识是在人的心灵与外界客体相互作用的过程中由内部生成的。教师和学生分别以自己的方式建构起对世界的理解,要想获得对世界的多重理解,建构世界的多重意义,就需要教师与学生相互交流、对话,而这种交流、对话,离不开彼此间的倾听。只有细致、专心地倾听彼此的心声,才能够真正建立起有效交流和对话的平台。

3. 倾听是实施有效教育的前提

心理学研究表明,人在内心深处,都有一种渴望被别人尊重的愿望。作为教师,尤其是班主任,要对学生进行有效的教育,就必须尊重学生,倾听学生的心声,了解学生的疾苦,知道他们在想什么、做什么,有什么高兴的事、忧愁的事,学习中有什么经验和困惑等等。只有对这些问题有清醒的认识,教育才能对症下药,有的放矢。在了解学生时,教师要放下老师的架子,平易近人,和蔼可亲,增加亲和力,使其亲其师,信其道。学会了倾听,就能够深入了解学生的内心世界,这个时候所进行的交流,就是心与心的交流,就是灵魂和灵魂的激荡。

4. 倾听是一种理解

有人说,教育就是不断消除误解的过程。倾听,可以增进沟通,促进理解;倾听,还是一种等待,给孩子机会,不随便打断孩子,也不轻易做出评价,让他们把话说完,把自己的意思表达清楚。在倾听中交流,在倾听中沟通,最终实现教学相长。

(二)教师要倾听什么

1. 倾听学生的欲望和需求

学生在教育生活中的欲望和需求往往不是通过行为而是通过声音表达出来,它可能是一段叙说、一个句子或者一个简单的感叹词……倾听、理解和应答这些声音所表达的欲望和需求，是教师的重要任务之一。

2. 倾听学生的情感

细致入微地把握学生的情感动向和状态，并加以及时的协调和引导，是教育者成功的重要标志。一个善于倾听的教师，要能够迅速而准确地从学生发出的各种声音中听出愤怒、悲哀、快乐和喜悦等各种情绪，并在教育时作出及时、恰当的回应。

3. 倾听学生的思想

一个有倾听意识和倾听习惯的教师不会只满足于倾听学生的欲望和情感，还要善于倾听声音背后所隐藏的某种思想或潜在的行为萌芽，并认可它的价值和意义。当学生发现教师倾听并认可自己那些隐藏不露的思想、行为时，他们就会与教师建立更深一层的交往关系——心与心的交流。于是，他们对自己就会充满信心，真正体验到作为一个人，而不仅仅是一名学生的尊严和价值。

4. 倾听学生的见解

有经验的教师都知道，学生对一些问题经常有意想不到的独特见解，这往往是教育教学的生成。学生头脑中存在的见解，包括有缺陷甚至是错误的见解，是学生经验的产物，学生正是借助这些见解来认识世界的。教师需要倾听这些见解，以使教育教学少走弯路。

（三）教师要怎样倾听

1. 平等对待学生

新课程倡导“民主、平等、博爱”的教育主题，以此来让我们放下师道尊严的架子，并把自己的角色定为“导游”“主持人”以及“导演”“朋友”等等，不再是独霸讲台，高高在上，而是以一颗平常心，用和善欣赏的目光，倾听学生的心声，进行师生之间平等的心灵沟通，让师生的心扉向彼此敞开，并随时接纳对方的思想。这时双方的“对话”同时也是一种“倾听”，是双方共同在场、互相吸引、互相包容、共同参与乃至共同分享的关系。

教师倾听学生，意味着教师欢迎和接纳学生，不是把学生作为学生来接纳，而是把学生作为鲜活的生命来接纳。这种接纳也体现了平等和尊重，即生命与生命之间的平等，一个生命对另一个生命的尊重。

2. 相信学生

如果对话建立在信任基础上，对话双方就可以成为平等关系，意味着彼此之间的开放与回应;反之,离开了对人的信任,对话就无可避免地退化成家长操纵式的闹剧。基于这样的认识,我们应该充分地信任学生,发现学生的闪光点,把他们看成是一个个特征鲜明的个体,充分发展他们的个性。无论是对话中有失偏颇的观点,还是一些“异端邪说”,教师都应该积极引导,切不可训斥或者嘲笑,否则失去的将是学生的信任,得到的将是永远的缄默,从此再也无法进行平等的对话。师生在平等交换意见的过程中,教师专注的神情、亲切的微笑、信任的目光,其间产生的“张力”可以促使学生积极思考,最终孕育出“全新的果实”。

3. 欣赏和学习

倾听意味着教师接纳学生的生命价值和意义。一个真正的倾听者,会欣赏每一个被倾听者发出的独特声音。这是一种学习的态度,是教师向学生学习,是成人向儿童学习,这一学习可以使教师反省自身,充实自身。

4. 参与和体验

教师的倾听不是被动的而是主动的,要力图在倾听与学生精神生命成长之间建立起实质性的联系。倾听者不是旁观者,而是行动者、创造者。教师通过倾听参与学生的成长,参与学生的创造。这种“参与”不是主宰,不是外部控制和干预,更不是对学生发展的替代,而是一种引导和促进,目的是帮助学生,使他们的声音从单调、混乱、僵化发展为复调、有序和充满活力,参与也由此具有了创造性。

长期以来,我们的德育不重视激发学生的情感,而是强调灌输与训导。古人说:“行道而得之于心谓之德。”师生交往应是情感交往,要形成“情感场”,这样师生交往的“情节”才会给孩子留下“道德情结”。要达到这样的境界,教师就要达到倾听的最高层次,深入参与和体验学生的感情世界和理智世界。

5. 要细心和有耐心

倾听需要教师全身心投入,教师注意力要高度专注,还要有警觉意识,将有意注意与无意注意相结合,这样才能从学生的话语中,倾听出学生独到的见解,倾听出学生丰富的情感,倾听出学生的困惑或者疑虑,倾听出深刻的或者肤浅的思想,倾听出学生的欲望需求,倾听出学生的差异区别。相反,如果似听非听,只能停留于表面,无法触及学生心灵深处真实的世界。

与学生交往时要常处于一种静默等待的状态,在这种状态下,教师不要轻易打断学生的发言,要有充分的耐心和执着的精神。有时短暂的沉默之后会绽放智慧的火花和创新的光芒。师生交往中留一些思考的时间，留一些发展的空间，留一些“空白”，让学生充分表达自己的意见，走出自己的小圈子，往往会进入更加广阔的领域。

二、学会赞美

（一）教师为什么要赞美学生

1. 赞美是人人都需要的

若发现孩子有值得赞美的行为，要把握时机，不管用语言、肢体、眼神，还是用动作、表情、评语，只要是真心诚意的，孩子必然感受深刻。一篇情理交融、鼓励性很强的评语，一段肯定、称颂的赞美之词，如果教师能巧妙地运用这些激励的方法去赞美学生，那么学生就会心情愉悦、精神振奋，这种教育的手段往往会达到事半功倍的效果。一个学生，哪怕是班上学习最差、行为规范最差的学生，身上也一定有他的闪光点。只要教师细心就会发现：调皮学生的闪光点是聪明，上课爱说话的学生的闪光点是活泼好动，老实学生的闪光点是能谦让等等。教师应抓住他们的闪光点作为教育的切入点，通过对学生的赞美进行情感投资，打开学生心灵的闸门，教育自然得心应手。

较之优秀生，后进生更需要教师的赞美、鼓励。因为他们长期受歧视、遭冷落，一般都很心虚，对外界极敏感，对他人心存戒备，看起来好像缺乏自尊心，实际上他们的内心深处极度渴望老师的理解、信任，他们十分在乎老师的评价。尤其是身上毛病多的学生，一味的批评，甚至是挖苦，会严重刺伤他们的自尊心，增加教育转化的难度，甚至造成严重的教育失误。

2. 赞美可以增加学生的自信

作为成长中的个体，学生身上的不良习惯和弱点是难免的，对于学生的种种问题，当老师们感到束手无策时往往会采用批评的方法，结果情况越来越糟。如果适时地采取赞美的方法，以平常心去看待他们成长过程中的短处，肯定他们的每一个长处、每一次进步，欣赏他们的价值，就会树立起学生的自信心和自豪感，就会让孩子们认为老师时时刻刻都在关注着他，他们就会表现得更好。

善意的及时的赞美实际上是一种投入少收益大的感情投资，是一种驱使人奋发向上、锐意进取的动力源泉。学生长期生活在和谐温暖、相互信任、相互赞美的氛围中，就能养成积极向上的健康心理，就能以积极主动的态度去学习新知识，探索新方法，研究新问题。这样，不仅能使课堂充满生命活力，而且使学生的人生旅途充满着掌声笑声，充满着决心和信心。

3. 赞美可以改善师生关系

赞美他人会使别人愉快，更会使自己身心健康。被赞美的学生的良性回报会使教师更加自信，也会使教师更加有魅力，形成师生关系的良性循环。吝惜于夸奖学生的教师，也难以得到学生的拥戴。学会赞美学生，是师生关系的润滑剂；学会赞美学生，是美满班级、和谐校园的乳化剂；学会赞美学生，是好学生成长的摇篮曲。

4. 赞美是给同学树立榜样

欣赏每一个学生，随时发现同学们身上的长处，并不失时机地予以赞美，它的价值是难以估量的。不仅鼓励了被赞美的同学，还暗示着要号召其他同学向被赞美的同学学习，班级的和谐、上进的氛围就在这潜移默化中形成了。

（二）教师要怎样去赞美学生

1. 赞美要实事求是

一位哲人说过："只有真实的赞美才最能打动人的心灵。"教师对学生的赞美要实事求是，不要单纯地对学生说"你真棒""你是个好学生"之类的话，因为这会让学生觉得各方面都做得很好，而这又是不现实的。赞美是为了强化、巩固学生的良好行为，所以必须特别强调那些使人满意的具体行为，赞美越具体，学生对好的行为就越清楚，遵守这些行为的可能性就越大。

2. 抓住学生的闪光点去赞美

有些特别调皮的学生总是不能很好地按时完成作业，但他们却可能在其他方面有闪光点，如不管在清扫卫生或值勤时，都会主动帮助其他同学。当我们发现这些优点时，就要在全班同学面前夸奖他们，同时也指出他们的不足之处，希望他们在其他方面也要做得更出色。抓住闪光点去赞美学生，学生会感到一种满足，会全面审视自己，会意识到自己也有不足，同时，也更容易接受别人的意见，产生逐渐完善自己的愿望。

3. 要根据赏识的原则去赞美学生

"赞美"教育其实就是赏识教育。"信任、尊重、了解、激励、宽容、提醒"是赏识的六大原则，掌握了这些原则，才能更好地赏识学生。信任是要相信每一个学生，相信他们有各自的长处、优势，只有教师无限的信任，才能激发学生"天生我材必有用"的自信与自强；尊重是与学生保持平等的关系，只有尊重学生才会了解学生的天性和爱好，了解他们的心理需求；了解是知己知彼方能百战百胜，教师若能了解学生，打开学生心灵的闸门，教育自然得心应手；激励是每一个学生都有长处，一经老师激励就会闪闪发光；宽容是对学生的长处要“小题大做”地激励，对短处则要宽容；提醒是对学生的缺点宽容，这并非不管，而是教师站在朋友的角度，心平气和地提醒学生，鼓励他们改正。请不要吝啬赞美，因为赞美是春风，它使人温馨和感激；请不要小看赞美，因为赞美是火种，它可以点燃心中的憧憬与希望。

三、倾听和赞美的关系

（一）倾听是赞美的基础

1. 倾听是为了发现和欣赏

倾听是为了了解学生的心声，发现他们身上的“真实”，欣赏他们潜在的“美”。

2. 欣赏是为了赞美和鼓励

欣赏学生，就是怀着愉悦的心态，去发现、感受和吸纳学生所表现出来的优美和可爱之处，在学生身上发现美好，使赞美和鼓励更加有的放矢。

（二）赞美是倾听的巩固和发展

1. 赞美是倾听的巩固

赞美是欣赏学生的自然流漏，同时又是对倾听和欣赏的巩固。老师的倾听是不是假的，老师的欣赏是不是做出来的，学生都能感受得到。只有当学生认同了老师的真诚赞美之后，才会对老师的教育感激，对老师的教育感恩，进而愿意向老师倾诉自己的思想。

2. 赞美是倾听的发展

老师只倾听，不表态，不替学生解决思想问题，更不去赞美欣赏学生身上的闪光点，久而久之，学生也就不愿意也没必要向老师倾诉。只有降低身份，耐住性子去倾听原委，并且能够一如既往地这样做，才能使教师的赞美更加真实、准确，深入学生的心灵。所以说，赞美是倾听发展到一定阶段的肯定判断。

（三）倾听和赞美的中间环节是欣赏

1. 欣赏是建立在倾听基础上的

倾听基础上的欣赏，不仅包含了对学生的理解和宽容，更重要的是把学生当做独立完整的个体。教师不仅要欣赏学生的优秀品质，而且要学会欣赏学生的缺点和失误。没有认真且有分析的倾听，就不会有欣赏和赞美；没有欣赏和赞美的教育，是不会有效的。

2. 赞美是欣赏的结果

作为教师，尤其是班主任，要对所有学生实施有效教育，就必须做好差生转化工作。有人说，差生毛病多多，几乎找不到可以欣赏的东西。但是如果不能从内心深处尊重学生，欣赏学生，就不能唤起学生对美好人性的热爱，就不能唤起学生对老师教育的认同。所以教师不懂得欣赏学生，就不会赞美学生，转化学生也就成了空谈。

班主任自我管理

如何成为优秀班主任队伍中的一员?

教育部在2009年8月12日颁布的《中小学班主任工作规定》(以下简称《规定》)中指出:班主任是中小学日常思想道德教育和学生管理工作的主要实施者,是中小学生健康成长的引领者,班主任要努力成为中小学生的人生导师;班主任是中小学的重要岗位,从事班主任工作是中小学教师的重要职责;教师担任班主任期间,应将班主任工作作为主业;加强班主任队伍建设是坚持育人为本、德育为先的重要体现。政府有关部门和学校应为班主任开展工作创造有利条件,保障其享有的待遇与权利;班主任是学校中全面负责一个班学生的思想、学习、健康和生活等工作的教师,是一个班的组织者、领导者和教育者,也是一个班中全体任课教师教学、教育工作的协调者。

班主任队伍建设是学校管理工作中的重点内容,班主任工作的质量直接影响学校育人目标的实现。班主任思想品德素质、业务水平和工作能力的高低,对学生个人的健康成长、优秀班集体的形成、整个学校教育教学质量的提高起着举足轻重的作用。为此,建设一支优秀的班主任队伍对学校工作至关重要。那么,如何成为优秀班主任队伍中的一员?

一、接受选拔是关键

好教师应该当班主任,当不好班主任就不算是一个好教师。可是目前的状况却是由于班主任工作负担重、责任大、待遇低等原因,许多教师不愿意当班主任,尤其是中老年教师。学校要想方设法调动大家的积极性,使那些有经验、有能力的优秀教师到班主任的队伍中来,尤其是对那些优秀的中老年教师,要不惜代价,甚至可以给他们配备助手,以师带徒的形式让他们来当班主任。

选拔的条件是什么?《规定》指出:选聘班主任应当在教师任职条件的基础上突出考查以下条件:作风正派,心理健康,为人师表;热爱学生,善于与学生、学生家长及其他任课教师沟通;爱岗敬业,具有较强的教育引导和组织管理能力。

二、 待遇与权利是保障

《规定》把班主任的待遇与权利表述为:

1.学校在教育管理工作中应充分发挥班主任的骨干作用,注意听取班主任意见。

2. 班主任工作量按当地教师标准课时工作量的一半计入教师基本工作量。各地要合理安排班主任的课时工作量,确保班主任做好班级管理工作。

3. 班主任津贴纳入绩效工资管理。在绩效工资分配中要向班主任倾斜。对于班主任承担超课时工作量的,以超课时补贴发放班主任津贴。

4. 班主任在日常教育教学管理中,有采取适当方式对学生进行批评教育的权利。

三、 按要求做事是基础

《规定》对班主任工作提出了新的要求,这些要求如下:

(一)坚持育人为本、德育为先的目标导向

要把学校教育目标落实到班级日常管理工作过程中,切实把德育放在首位,注重学生正确的世界观、人生观、价值观和社会主义荣辱观的培养和形成,培养学生健全、独立的人格,引导学生培养学习兴趣,树立正确的学习目标,促使学生全面、协调、健康发展。

(二)注重公平,面向班集体每一个学生

班主任要关心每一个学生,了解他们的内心世界,根据每个学生的特点,精心设计相应的教育方案,引导、帮助每一个学生健康成长,要特别注意关注学生中的弱势群体和边缘群体,为每一个学生的终身发展奠定基础。

(三)关心学生的全面发展

坚持以人为本,以学生的全面发展为班主任工作的根本出发点,不仅要关心他们的学习,更要关心他们的思想道德、身体、心理、人格等各方面的发展状况。培养学生各方面的能力,提高学生各方面的素质,发挥学生的个性特长,充分发掘学生的潜能。

（四）建立平等互信的师生关系

班主任要平等对待学生，建立和谐的、朋友式的新型师生关系。尊重学生，注重与学生交流沟通的方式，做学生人生路上的良师益友。

（五）遵循学生的年龄特点和身心发展规律

相信每个学生都有自己的优点，都有成才的强烈愿望，帮助每一个学生建立不断提高进步的目标；善于发现和激励学生的每一点进步，让学生始终在成功的喜悦中提高自己，发展自己。

（六）建立与完善班级管理制度

通过建立科学合理的班级日常管理规范，培养学生的良好习惯。从小事、细微处着手，积极开展行为规范教育。加强学生自主管理，增进学生民主意识，培养学生独立处理问题的能力。

（七）积极进行班集体文化建设

指导班集体通过开展班会、团队会、各种主题教育活动和丰富多彩的文体活动，丰富学生的生活，弘扬爱国主义、集体主义和民族精神，形成健康向上、积极进取的班风和有特色的班级文化，营造良好育人环境。

（八）指导和组织学生积极参加社会实践活动

充分开发社区、学校和班级的各种教育资源，组织学生积极参加有益于身心发展和道德养成的各种社会实践活动，增强道德体验，培养学生正确的劳动观念和劳动习惯。

（九）充分发挥纽带作用

积极主动地与其他课程任课教师、少先队、团委、政教处沟通，步调一致，形成合力，充分发挥集体教育的作用。加强与家长的沟通交流，积极建立与家长沟通和交流的有效渠道，实现学校教育和家庭教育的有机结合。加强与社会、社区的联系，善于利用各种资源让学生了解社会，参与社会，适应社会，服务社会，也让全社会都来了解教育，关心教育，支持教育，营造良好社会育人环境。

（十）大胆创新工作方式

认真做好学生的综合素质评价工作，积极探索建立学生良好行为习惯的动态管理模式和综合考评制度，建立并填好学生成长档案和记录袋。在此基础上，积极探索深化教育改革背景下班主任工作的新特点、新要求，创新班级管理和建设的有效模式。

作为学校，要督促班主任按要求做事，做好事。

四、参加培训促发展

在我国，目前还没有专业的班主任培训机构，教育部门针对班主任定期开展的专业化、系统化的培训也不多，这与班主任在学校所处的地位是极不相称的。年轻班主任的成长大多靠学习老班主任的经验，或者偶尔集中听一两场优秀班主任的报告，主要是自己摸索着前行。这样的成长非常缓慢，最终能成长为比较优秀班主任的都是自身悟性高，又热爱教学且肯钻研的极少数教师。

《规定》在班主任的培养与培训方面指出，教育行政部门和学校应制订班主任培养培训规划，有组织地开展班主任岗位培训。作为中小学校，如何制订班主任培养培训规划，进而有组织地开展班主任岗位培训？把如下内容融入规划中，并扎实有效地落实，就可见成效。

（一）师徒结对

新参加工作的老师，必须接受班主任岗前培训，系统地学习班主任工作的有关理论，担任一年由有经验的老教师带领的见习班主任，考核合格后再担任一年由有经验的老教师做主帅的副班主任。副班主任深入班级协助班主任开展工作，向有经验的班主任学习，并参与班级管理。

（二）读书沙龙

优秀的班主任来自哪里？来自教育思想、教育观念的指引，思想有多远，我们的班主任就能走多远，而学习先进思想、提高自身素质最有效的方式就是阅读。学校应该定期给老师推荐书目，上至校长，下至普通教师，都要完成读书任务，撰写读书心得，并及时评出优秀，表彰先进，最好能推荐发表，在全校形成浓郁的人文氛围。

（三）课题引领

建立导师制度，以研究课题带动学员提高班主任工作能力。每学年每位班主任，尤其是年轻的班主任都要主持或参与一项有关班主任工作的科研课题。每学年每位班主任都要写出一篇不少于3000字的与此课题相关的研究性文章，学校要组织评比、奖励并推荐发表。

（四）专题讲座

邀请在班主任工作领域从事科研及管理实践的专家、学者以及中小学优秀班主任开设本校班主任需要的理论和实践的讲座。教师每次听完讲座都要写出心得体会，结合读书笔记一同挂在网上的“论坛”中。

（五）主题活动

活动由2～3名辅导老师负责，首先对班主任工作的基本知识和管理要点进行介绍，然后提供素材和个案背景，指导每个小组或者个人制订并形成详细的班级活动的组织方案。在3～4个主题活动中，每个学员最终都要形成相应的活动方案。

（六）班主任论坛

几名优秀班主任做主题发言；学员就当前中小学班级管理的热点、难点等现实问题进行讨论和交流；对大家不能达成一致意见的问题，主讲人应予以解答。

（七）经验交流

有针对性地聘请校内外优秀班主任到学校给班主任或全校教职工做经验交流。

（八）主题培训

针对本校班主任工作的实际工作状况组织专题培训，主题内容可涉及班主任工作的任务、班主任应具备的素质、班主任工作技能、班集体建设、班主任工作的重难点问题等方面。

（九）访问考察

到外校进行参观学习交流，实地考察并观摩优秀班主任的主题班会课并作为案例进行分析。

五、以评价促进步

建立班主任工作的评价机制，对班主任工作进行客观、公正、科学的评定，并把评价结果与班主任聘任制及激励措施结合起来，这对于优化班主任队伍，促进班主任队伍的组织建设具有十分重要的意义。

（一）主体性评价

班主任工作的评价者具有多元性，可以是学校主管部门、班级任课教师、班级学生家长，也可以是班级学生。其中，应以学生评价为主。所谓主体性评价，就是指对班主任工作的评价应以班级学生为评价的主体。学生作为班主任教育的对象，对班主任的工作具有最直接的体会，因此，他们对班主任的评价也最具有客观性，学生应当是评价班主任的主体。

主体性评价的方式多样。平时，可以分年级或按班级召开学生座谈会，抽取不同层次的学生代表，了解班主任工作。期末，可以组织班级学生开展“我为班主任写评语”的活动。此类活动可由学生个人为班主任写出个人评语，再召开小组会讨论，由组长集中写出小组评语，最后召开班委和组长联席会议，综合写出班级评语。也可以开展“我心中的班主任”征文活动或演讲比赛，平时班主任不经意的一句话或不起眼的一件事，也可能给学生留下终生难忘的记忆，成为他们的写作素材。当然，主体性评价最常见的方式还是通过发放《班主任工作评价调查表》了解班主任工作，评价班主任。

主体性评价，以学生的视野评价班主任，不仅真实客观，能尽可能地在评价中做到主客观的高度统一，而且表现出被评价者与评价者的一种新型的师生关系，是班主任评价机制中最重要的评价方式。

（二）主管性评价

主管性评价，是指学校有关主管部门，如学生处或政教处对班主任的评价。主管性评价，主要依据是主管部门对班主任常规工作的检查和考察。主管性评价是推动班主任工作、加强班主任队伍建设的重要手段。通过主管性评价，挖掘每位班主任的工作特色，表扬和推广他们好的做法，让班主任互相借鉴，相互学习，激励班主任做好班级工作。与此同时，要把检查中发现的缺点也一一登记，并下发给班主任本人，督促他们整改。主管性评价以表扬激励为主，以检查督促为辅，促进班主任工作再上新台阶。

学生处或政教处及学校领导要经常深入班级考察，一是参加各班级召开的各种活动；二是听班主任主持召开的主题班会课；三是检查班级的卫生、纪律等情况，并把情况反馈给班主任和班级干部，督促班级及时整改。

主管性评价贯穿于班主任工作的全过程，是一种全程性评价，从学期初的班主任工作计划到学期末班主任总结，都要及时进行检查和评价，并随时做好记录、反馈和复检工作。评价要充分体现激励性原则和指导性原则，使评价成为班主任工作的加油站。

（三）量化评价和综合评价

班主任工作量大面广，事无巨细都要过问，真可谓班级无小事，事事皆教育，因此，班主任工作的评价形式应具有多样性。如果用单一定量的方法评价班主任，很难量化班主任的全部工作和效果，过分地注重“量”，容易忽略“质”；用单一定性的方法评价班主任，又会出现评价的客观依据不足，印象性评价因素过多等问题。因此，对班主任工作的评价既要有定量评价，又要有定性评价，两者结合才能相得益彰。

所谓量化评价，就是把班主任日常班级管理应做的事量化为细则，确定好次数和分值，并将其纳入到学生会值日检查和学生处或政教处常规检查中进行考核打分。诸如参加活动次数、“两操”到班次数等均可做出明确的数量规定，进行量化考核。每日公布班级考核结果，每周进行班级流动红旗评比，每月统计班级和班主任考核得分，并依据量化考核的结果发放当月班主任津贴，该奖的奖，该扣的扣，实行班主任工作勤绩与奖惩挂钩，调动班主任做好班级日常管理工作的积极性。

所谓综合评价，是一种定性式评价，指学校主管部门在年度末，就班主任的德、能、勤、绩作出全面评价。综合评价要依据平时主体性评价、主管性评价、量化式评价进行评定。三种评价的结果各占一定的比例，其中主体性评价所占权重最大。综合评价一般分为两种，其一是根据三种评价所占权重进行计算，评定出班主任的等级，如优秀、良好、合格、基本合格、不合格等；二是写出综合式的评语，全面概括班主任在工作中的德、能、勤、绩。综合评价要与班主任聘任制相结合，要与学校年度考核相结合，要与教师职称晋级相结合，要与学校评优和年度奖励相结合，配套形成相应的激励机制，更有效地推动班主任工作，优化班主任队伍，促进班主任队伍建设。

什么样的教师才是优秀教师?

什么样的教师才是优秀教师？不同的人、不同的年龄段、不同的群体、不同的部门可能会有不同的要求和判断标准。以下是综合了许多调查问卷、访谈、学界讨论、各地教育行政部门考核优秀教师的标准等内容得出的结论。

一、学生眼中的好老师

（一）身心发展的水平不同，判断是非的标准也不同

有许多调查显示，小学生心目中的好老师形象佳，会讲故事，会说笑话，会带着大家做游戏；老师要像个微笑天使，在老师的引导下，每节课他们都能在愉快中度过。

小学生对好老师的定义虽然有些另类，不过，从中也可以看出老师个人形象还是很重要的，因为教师的言行举止可能成为他们模仿和学习的对象。教师在学生面前保持适度的微笑、大方得体的举止，可以让学生觉得可亲可敬。

中学生心目中的好老师公平公正，和蔼可亲，学生犯错误能够在私下里说服教育，尊重自己的意见，渴望与学生进行更多的讨论与交流，性格幽默，风趣温柔。

随着学生年龄的增长，判断力、主观辨别能力也在日益增长，老师对日常事务的处理能力以及教学水平也就成了他们重点关注的内容。一个处事公正、说话算数、知识渊博、上课生动的老师，也必定能够得到中学生的欢迎和喜爱。在比较成熟的学生的心目中，好老师的标准又可具体概括为：上课有幽默感、随和、有启发性，但该严厉时还是不能放松；给学生充分的空间去交流和表现；关注学生们的情感世界；善于表扬与鼓励；善待学生的差异；诚实守信，言行一致，有责任心；和蔼可亲，知识渊博；理解学生，坦诚相待，等等。

大学生眼中的好教师最重要的三项品质是责任感、善解人意、幽默感。具体标准大体有：敬业，喜爱学生，有亲和力；专业水平高，上课内容“货真价实”，且能清晰、准

确地表达出来等等。

综上所述，在学生心目中，教师是社会的规范、道德的化身、人类的楷模、父母的替身，他们都把师德高尚的教师作为学习的榜样，模仿其态度、情趣、品行，乃至行为举止、音容笑貌、板书笔迹等。因此，教师道德素质比教师文化素质更为重要，师德才是教师的灵魂，高尚的师德才是学生心目中好教师的重要判断依据。一名教师一旦形成了高尚的师德，往往会散发出巨大的能量，这有助于深化教师与学生心理交融的程度。

优秀的教师要有健全的人格、良好的心理素养；要实现专业的高度发展，获得广博的专业知识；要客观、公平、公正地对待每一个学生；要确保教学目标清楚、教学内容系统，具备条理清晰、有质感的表达能力；具备管理能力；具备对话、分享、团队合作的能力；具备反思的能力、终身学习的能力及国际化视野等等。

有人说："能讲述知识的是平庸的老师，能阐释事理的是良好的老师，能引导学习的是优秀的老师，能启发学生的是伟大的老师。"

（二）不同时间、不同场所，对好老师评价的标准也不同

1. 课堂

讲课绝不是死板的讲解，让人听了昏昏欲睡，也绝不是乏味的演讲，让人感到枯燥无聊；而是整个课堂气氛轻松，充满了老师鲜明的个人风格。妙语横生，时而语调高昂、激情荡漾，时而语调轻缓、幽默简洁，用美妙的声音感染学生，把学生带到知识的海洋。45 分钟的课，或启发暗示，或点石成金，使学生感到学习不再是沉重的包袱，而是一件快乐的事。同时要培养学生的学习兴趣，让他们的脑袋充盈起来，使他们自始至终陶醉在妙语迭出的课堂中。

2. 课间

热情、宽容、幽默、大方，平易近人，显示出老师博学多才，内涵丰富，上知天文，下知地理，博古通今。尤其是为人师表，不仅要"言传"还要"身教"。一个不经意的微笑，能给人带来夏日的凉爽；一句亲切体贴的问候，能给人带来冬日的温暖。学生有进步，要鼓励；学生有优点，要表扬；学生有困难，要帮助；学生有心事，要开导。要使学生畏惧老师的心情荡然无存，在从老师那儿源源不断地学到知识的同时，也体验了老师的友情和人格。

3. 课后

热爱学生，关心学生，像父母，似朋友。老师给予学生充分的理解，更给予学生难

以忘怀的关爱;与学生之间的沟通没有声嘶力竭、怒发冲冠的训斥,也没有漫无边际、毫无益处的闲聊,有的只是师生间彼此的认识、彼此的信赖。不仅仅是懂得包含宽容,更知道理解在宽容之上。教师理解学生,了解学生,才能真正成为学生的朋友,才能真正和学生打成一片。对于学生的提问,要做到耐心、细心、用心,说理论证,有条有理;对于学生指出的不足,要虚心接受并改正。

当一个老师难,当一个学生的榜样更难,这正是一个人类灵魂工程师——老师的光荣所在。一位能营造活泼的课堂气氛,具有亲和力、吸引力、感染力的老师才能真正被学生喜欢。

二、家长眼中的好老师

(一)学识渊博,有爱心

教师要不断充实自己,终身学习,具有渊博的知识。关爱学习困难或家庭情况特殊的学生;当学生犯错时,教师要宽容、耐心地帮助学生纠正错误,不讽刺挖苦、体罚或变相体罚。

(二)先育人后教书

一个好的教师除了要教学生知识外,更重要的工作是培养学生良好的思想品德。教师要言传身教,仪表端庄大方,服饰得体,举止言行文明,要帮助学生树立正确的人生观、价值观,并具有良好的修养。

(三)公平公正

1. 一视同仁

优秀生和后进生犯了错误,教师要一视同仁。教师指出学生的错误是他的职责,更重要的是要及时做好后续工作,消除学生的误会,打开他们的心结。

一个班级有成绩优秀的学生,也有成绩一般和成绩差的学生。当教师用欣赏的眼光去看优秀学生时,也要顾及其他学生的自尊心。如果教师只是一味地表扬成绩优秀的学生,或者拿后进生与优秀生进行比较,后进生的自尊心会受到伤害。

2. 不收家长礼金

拒收家长礼金是为人师表的重要标志,更是公平公正对待学生的基础条件。

（四）尊重家长

1. 不训斥家长

有一位家长讲述了这样一个故事：一次女儿因为上课没有好好听讲，又加上考试成绩不理想，被班主任请到学校。去之前，他心里很忐忑，结果一到学校，就被班主任劈头盖脸地训了一顿。当时，办公室里还有好多教师在办公，他只能一个劲地点头，脸上红一阵白一阵的。从学校出来，他一肚子的气不知道往哪发，又不敢回店里，怕心情不好得罪了顾客，只好回到家里，对妻子和女儿发了一顿脾气。事后他很后悔，妻子很无辜，还要受他的气，女儿更是可怜，在学校受到教师的批评，回家还要受父亲的批评。

2. 不说过激的话

学生学习成绩不好，原因是多方面的。家长和教师的心愿是一样的，都希望学生取得优异的成绩。教师的心情可以理解，但是，无论学生的学习成绩好不好，学生家长都应该得到教师的尊重。教师和家长沟通时，如果教师心里真的有火，可以先让自己冷静几分钟，避免过激的言辞脱口而出。

（五）有责任心

1. 尽职尽责

不抛弃、不放弃任何一个孩子，善于发现学生的积极因素，点燃孩子内心闪光的火苗。

2. 教学认真

责任心决定教师的工作态度，教师要认真备课、上课、批改作业。

（六）多与家长沟通

1. 关注成长，合力教育

用多种形式主动和家长联系，平等地交流沟通，帮助家长全面认识、了解孩子，并在教育孩子上形成合力。

2. 不捆绑家长

沟通不是推脱责任，不能凡事都推给家长，找家长算账。

3. 教师给家长一些指导

现在多数学生是独生子女，孩子在家集万千宠爱于一身，家长更是望子成材心切。可有些家长不知道如何教育孩子，教师要给家长一些指导，教他们一些新的教育理念和正确的教育方法，如怎样培养学生养成良好的学习习惯和独立思考的能力等。

三、教师眼中的好老师

（一）爱岗敬业

热爱教育事业，有责任感和使命感，敬业上进；具有高尚的情操和人格，正直善良；教风清正廉洁，衣着得体，语言文明。

（二）关爱学生

公平公正地对待每一个学生，宽严有度，关爱有加；允许学生犯错，能对不同学生采用不同方法教育，对学生终身发展有积极的影响。

好教师不仅要关爱和教育好别人的孩子，还要关爱和教育好自己的孩子。教师如果能教育好自己的孩子，会从中悟出许多教育的道理，这些道理在其他学生身上同样适用。

（三）好学上进

博学勤奋，具备坚实的专业知识、教育理论和高超的教育教学水平；认真备课，课堂设计合理有趣，教学方式多样；有自己的教学特色和个性魅力；永不满足，喜爱钻研，善于反思；热爱读书，善于学习；创新意识强。

（四）教育教学省时而高效

课堂教学充满激情和活力，善于和学生沟通；语言幽默，口才好，气氛活跃；课业负担轻，教育教学效率高；因材施教，教育孩子有绝招，尤其是在教学和班级管理上；善于合作，与师生、同事、家长建立良好的关系。

（五）会生活

好老师首先要会生活，教师应有比较高雅的生活情趣；老师应该在生活中学会感悟并能影响到学生；好教师给人的感觉很年轻、很阳光，这不仅表现在容颜上，更表现在心态上。

四、教育界眼中的好老师

（一）优秀教师标准条款

1. 终身从教，乐观向上，平凡却不甘于平庸的工作态度。

2. 不计得失的奉献精神，躬身垂范的表率作用。

3. 师生关系融洽，爱生如子，具有服务意识，是家、校联系的使者。

4. 团结合作的意识。

5. 教书育人，保有以育人为本的教学理念。

6. 善于管理、组织学生学习，正视学生的学习成绩，重视每一个学生，敢为学生的学习承担责任。

7. 刻苦钻研业务，善于学习、实践、反思与写作，具有广博的知识、精湛的业务、与时俱进的创新精神，教育教学省时而高效。

（二）优秀教师的“要素”

1. 有理想，有道德，有文化，守纪律。

2. 有爱心、信心、宽容心、耐心和责任心。

3. 有思想，有方法，有能力，有个性，有创新。

（三）优秀教师标准之细则

1. 学习的促进者

（1）掌握有效的教学能力，知道如何改变教学以适应学生已有的技能和经验，知道如何树立学生的信心。

（2）教师要满怀激情地教学，不断激励、鼓舞学生前进。

（3）尊重学生的个性差异，了解每个学生的特长，注重分层次教学和因材施教，努力防止学生掉队，保证每个学生都有进步。

（4）要善于营造轻松的学习氛围，使学生能够在课堂上乐于学习，从而激发学生的学习积极性。

（5）要有创新的精神，形成自己与众不同的风格。

（6）善于通过观察、谈话、家访等形式及时了解学生的心理特点和思想变化，及时适当调整课程和教学策略，提高教学质量。

2. 灵魂的塑造者

(1) 有强烈的使命感、非凡的人格魅力。

(2) 要有触及学生灵魂的智慧和让学生喜欢上你的本领。

(3) 要诚实守信,正视和承认自己的错误。

(4) 要当好“心理医生”。

(5) 要记住每一个学生的名字。

(6) 尊重、欣赏和平等对待每一个学生,承认学生的知识能力和发展水平不同,能根据学生的不同经历、特长和需要进行相应的教育。

(7) 要有爱心和耐心,善于培养学生的自信心。

3. 知识的传播者

(1) 掌握的知识远远超过授课所需。

(2) 熟练把握各知识点之间的内在联系,清楚各部分的重点和难点,能在教育教学中抓住知识的关键点,以探索的形式展现知识的形成过程和内在规律。

(3) 掌握教育学、心理学等相关知识以指导自己的教育教学实践,能帮助学生发现问题,并把各种观念和方法应用到解决问题中。

4. 教育的探索者

(1) 注重对教材的分析和教学内容的优化整合,遵循学生认知规律,选用最恰当、最有效的教学方法,高质量完成教学任务。

(2) 善于了解学情,预见学生在学习中会遇到的困难,并知道何时提供帮助。

(3) 懂得如何与学生群体一起学习,以及如何为学生选择适当的学习任务,并有效组织兴趣小组的探索活动。

(4) 能提供多种多样的解决问题的机会,让学生进行各种技能实践,及时帮助学生克服学习上的困惑与失误。

(5) 能通过丰富的跨学科教学,把各种学习线索串连起来,培养学生的综合能力。

(6) 能根据教材和课标,结合学生实际,及时检测学生学习成果,反馈、矫正教学和学生学习中的问题,促进师生共同发展。

(7) 具有成熟的教学艺术,能把对学生的了解、学科知识和教育学方面的知识融合在一起,并将其渗透在有凝聚力的、优秀的、令人激动的课堂教学中。

(8) 具有执着的教研精神和创新意识,能以研究者的眼光审视和分析教学理论与教学实践中的各种问题，对自身行为进行反思，对出现的问题进行探究，对积累的经验进行总结，并形成规律性认识。

5. 良好学习环境的创设者

（1）创设一种让学生在学习上积极向上、敢于冒险、解决问题时能享受到乐趣和成就的班级氛围。

（2）给学生一定的自主性，并时常得到其他教师和同学的肯定与赞赏。

（3）善于表扬、激励学生，能给学生提供合适的学习背景材料，吸引学生，激发兴趣，从巧妙的实践活动和实例出发展开教学。

（3）知道学生学习中会出现的困难和问题，知道怎样使学生较好地理解和巩固新学的知识。

（4）选择合适的教法，制定切实的目标，运用恰当的评价，采取有效的措施和组织形式，使课堂活跃、有序、实用，并结合相关知识，对学生进行思想教育。

（5）尊重家长，把家长看作是鼓励、促进学生学习的合作者，经常深入家庭了解情况，从家庭、家长处不断得到有关学生能力、兴趣、习惯等方面的信息，与家长保持密切联系。

6. 评价方法的创新者

（1）把评价融入促进师生学习的教学过程中，帮助学生认识自我、建立自信，帮助教师改进教学。

（2）把经常性的评价作为教育的重要组成部分，熟悉各种评价方法。

（3）经常为学生提供对所学知识进行反省的机会，有意培养学生的自主学习能力。

（4）拓展多样化的评价目标和方法，把过程纳入评价视野；评价要关注学生的学习结果，更要关注他们在学习的过程中所表现出来的情感与态度，帮助学生认识自我，建立自信。

（5）明确评价不是为了给出学生在群体中的地位，而是为了让每一个学生在现有基础上谋求进一步的发展；评价要引导学生更多地关注解决问题的过程和策略。

（6）要注重发现学生“好”的方面，注意多给学生鼓励，多让他们看到自己的长处和进步。

（7）教师要通过对学生的评价，分析与反思自己的教学行为，从多种渠道获得信息，找到改进要点，提高教学水平，并进一步完善评价方法。

7. 不断地反思、学习、发展完善

（1）知道教学反思是专业发展和自我成长的核心因素，不断地对各种教育观念、言论资料和现象进行优劣比较、价值判断或提出改进意见。

（2）对自己的教学进行经常性的自我回顾与小结，努力完善教学。

（3）善于与同行交流，学习借鉴他人经验。

（4）设计和使用各种方法，定期收集有关教学的信息，通过观察学生对教学内容和教学方法的反应、分析考试结果、观摩同行教学等手段，认真检查、反思自己的教学行为。

（5）在实践中根据教学实际和教育学理论的发展，不断学习、不断创新，以适应时代要求。

8. 阳光心态的转播者

（1）要对教育事业饱含深情，充满信心和希望。

（2）要有积极的人生态度，调节自己的心态，无论遇到什么样的困难，都要以健康的心态面对。

（3）不仅要有渊博的知识、丰富的情感，也要有健康的身体，只有这样才能干好本职工作，胜任繁忙的教育和教学任务。

（4）要善于取长补短。

（5）要拥有卓越的领导力。

（6）要管理好自己的时间。

（7）要不断学习，让学习成为一生的好习惯。

综上所述，学生们最渴望的不是老师讲课能力多么强，而是老师能与自己有共同语言。学生与家长对优秀教师标准的看法并不一致，“与学生能有共同语言，能与学生互动、交流”“了解学生的内心，相信每一个学生，不抛弃，不放弃”等是学生选择优秀教师标准的重要依据；在家长看来，“学识广博，教学严谨，方式得当”“善于与孩子沟通，理解和尊重孩子，了解孩子”等是选择优秀教师标准的重要依据；学者对优秀教师标准的评价显然是德才兼备式的“高大全”，教师几乎要无所不能，无所不会。

没有“写”就没有教师的成长和发展吗?

一、“写”是教师继续教育的核心内容

(一)教师成长和发展的过程其实就是写作水平提高的过程

1. 写作是教师成长和发展的催化剂

教师专业化发展是指教师作为专业人员,在专业思想、专业知识、专业能力等方面不断发展和完善的过程,即从专业新手到专家型教师的过程。这个由专业新手到专家型教师的成长和发展过程的催化剂是什么?是“写”,是写教案,写导学案,写评语,写教学反思,编写习题和试卷,写计划,写总结,写下水作文,尤其是写教育教学研究性论著。在教师的职业生涯中,时时处处都会面临写作的问题。可以这样说,没有一定的写作能力就不是一名称职的老师。

2. 写作是丰富知识、提升思想认识的最有效途径

教师无论是传道、授业,还是解惑,无论是教书还是育人,都需要有知识,有思想,而写作就是丰富知识、提升思想认识的有效途径。

3. 写作是总结、吸收经验教训的最重要手段

教师工作的创造性、示范性、繁重性等特点,要求他们不断学习,不断总结、吸收经验和教训,而写作就是不断总结、吸收经验教训的最重要手段。

4. 没有文章,思想就行不远

著名教育家李吉林曾说过:“没有文章,思想就行不远。倘若你只能上课,成不了教育家,就是一百节课一千节课也不行,一定要有理论构建,要有著述,形成自己独特的东西。”李吉林正是这样一位身体力行的实践者,她有论文二百多篇,著述达到三百多万字,并总结出“学、思、行、著”为教师专业成长的“四字经”。

5. 一个能够写好文章的人是不可能上不好课的

肖川教授对课堂教学与写作的相似性进行了比较论述。他认为，写作的四要素“主题、素材、技巧、语言”与课堂教学的四要素“主题、教学资源、教学设计、教学语言”一一对应，好课的标准其实与好文章的标准是一致的。他认为，一个能够写好文章的人是不可能上不好课的。

6. 让不懈的写作成为生命的自觉

如果教师写作不是仅仅因为职业需要，而是像苏霍姆林斯基那样守住自己心灵的净土，躬耕精神的园圃，把困惑变成收获，把收获变成反思，让不懈的写作真正成为一种生命的自觉，那么，我们的内心就会永远洋溢着言语创造的激情，对学生精神世界的影响也将会变得深刻而悠远，从而引领他们走进精神创造的殿堂。

（二）提高教师的综合素质要从提高写作水平开始

1. 教师整体素质偏低与写作水平低下不无关系

为什么教师写作水平低下？这又得从我们的教育自身说起，从小学到高中，写作培养的是“应试作文”的高手，假大空之作比比皆是。到了大学，学的是欣赏别人的作品，而自己却又从未舞过文，弄过墨。参加工作有了自己的一份职业，而这份职业的主要工作又不与写作直接发生关系，所以也就不会用功学习，那么写作水平低下便可想而知了。

2. 写作水平的提高对教师的益处是全方位的

阅读和写作，是提高教师素质的主要途径。阅读和写作可以相互促进，可是只阅不写者常有，而只写不阅者却几乎不存在，因为要写作就要阅读，否则就没有东西可写。

写作会使人更加用心地去品味生活，反思自我的得与失，进而洞明世事，去捕捉工作中、生活中有意义的现象和信息；写作会帮助人们梳理思绪，使人的头脑变得井井有条，使个体经验概念化；写作能使人提升口头语言表达的品质；写作会帮助人们深化对问题的认识……教师为了研究一个课题、写一篇文章而广泛阅读时，其知识、视野得到拓展，对某学科某一问题的认识更深化，其业务素质自然提高得快。假如一个教师每年能给自己拟几个课题并把探讨的过程及成果写出来，他的业务素质会比不愿动笔者提高得快。更为重要的是，教师勤写作能带给学生以潜移默化的熏陶和习染，学生一旦从老师那儿获得了言语感受力和想象力的启迪，自然会涌起文字创作的激情，得到精神的洗礼；反之，就难以指望学生喜欢写、经常写并写出佳作。

3. 教育教学的写作素材是取之不尽、用之不竭的

教师几乎每天都在进行教学实践，写作的题材十分广泛，教学设计、教学建议、教材分析、备课札记、教法改革等都在可写之列，教学实践为教师的写作提供了取之不尽、用之不竭的第一手材料。教师若能经常把自己的感动、困惑、成功或失败的探索、希望与梦想变成文字，写成文章，那么，无论是气质、情怀，还是内心世界，都会慢慢变得纯净、澄明，变得细腻和丰富。

二、“写”是培养优秀教师的唯一途径

（一）以“写”来达到教师专业成长和发展的目标

教师专业成长和发展的显著标志是教育理念与专业精神的不断重构与塑造，专业和非专业知识的不断拓展，对教育教学实践的经常反思，“写”是达到这个目的的唯一途径。

1. 以“写”来引领教育理念与专业精神的不断重构与塑造

教师专业成长最根本的问题是对教育工作的正确理解，在实践中探询和回答教育是什么，什么是好的教育，教育及教师工作的基本价值，并在此基础上逐步形成符合教育规律和时代要求的教育理念及专业精神。这种理解形成的过程，需要不断学习、实践，最终通过概括抽象化的“写作”来内化为自己的东西，并不断得到丰富和发展，同时教育教学质量也随之得到提高。

2. 以“写”促进专业和非专业知识的不断拓展

对于专业化的教师来说，专业知识和技术的达标是最基本的要求。教师专业知识包括通识性知识、本体性知识、条件性知识和实践性知识四个方面。教师专业成长就是要在满足基本专业知识要求的基础上，使教师在真正意义上成为一个高品位的人。“写”是对知识的吸取，也就是说写作需要阅读大量的相关材料，笔耕不辍需要的是不断地吸取新知识，这实质上就是在促进专业和非专业知识的不断拓展。

3. “写”是对教育实践的反思

教育教学反思是教师专业成长的必由之路，是提升教师专业水平的法宝，是教师专业发展和自我成长的核心因素。当教师对教育工作不断思考、感悟并达到一定程

度时，教师的专业境界就会发生变化，教学工作就会走向优异和卓越。若教师能真正表现出对教育规律的深刻把握，对教育价值的深刻洞悉，在实践中不断反思，并把它写成研究性文章，在理论和实践的结合点上不断探索，教师的专业成长和发展就会水到渠成，势不可挡。

叶澜教授说："一个教师写一辈子教案，不一定成为名师；如果一个教师写三年反思，有可能成为名师。"美国著名学者波斯纳有一个教师成长公式：经验＋反思＝成长。反思本身就是一种创新，反思实际是对本质的追问，反思是校本研究最基本的力量和最普遍的形式。教学反思是对教学理念、教学行为、教学艺术的反思。通过反思，积累教育教学经验教训，更新教学观念，改善教学行为，提升教学水平，提高教学质量；通过反思，使自己的教学精益求精，渐臻完美。教学反思要找准切入点，根据专家的看法，对于新手型教师来说，应以自身教学技能反思为切入点；对于适应型教师来说，应以课堂教学策略反思为切入点；对于成熟型教师来说，应以自身教学理念反思为切入点；对于专家型教师来说，应以教育研究反思为切入点。

（二）以"写"来促进教育科学研究

目前，评职晋级都需要有科研课题，于是，"教育科学研究课题"就成了热门货，人人争相申报。县区级、省级、国家级，主课题、子课题，多如牛毛，不一而足。批量申报，批量结题，只要立项，几乎没有结不了题的。如此态势，教育应该到了兴旺发达的时候了，可事实并非如此，为什么？因为这些课题"研究"大多是浅尝辄止，或者干脆是在做表面文章，研究、总结出的"成果"没有借鉴意义和推广价值，是歪瓜裂枣。写作教育论著，其实就是在搞教育科学研究，没有踏实的调查、研究、学习和实践，总结出来的东西就是无本之木、无源之水，就是杜撰和捏造。

1. 教育科学研究性文章的每一个命题都是一个科研小课题

要写作，就要勤奋好学，心中时时有问题，且能持之以恒去钻研探索；要写作，就要善于把在教育教学的过程中，在看书学习的玩味中，甚至是在闲谈中的"灵机一动"产生的问题及时储存在电脑里，形成一个个小型的科研课题去探索研究。通过学习、实践、认识，再学习、再实践、再认识提高的循环往复的过程，就形成了一篇篇研究性的文章，每一篇文章的定稿和发表都是一个研究课题的结题成果。

2. 教育科学研究性专著的每一个命题都是一个科研大课题

要写一部教育著作，首先需要收集材料进行命题，然后要对这个命题进行深入细致的探究——这实际就是学习、实践、再学习、再实践的研究过程。最后要把这些研究成果编织成一个脉络清晰的庞大体系，给这个“命题”得出详细而明确的结论。写作完毕，也就等于完成了一个科研大课题。

3. 教科研与写作相互促进

确定了教科研课题，就要“写”开题报告，以此来绘制美好蓝图，明确研究方向和具体操作途径；有了科研课题，就要深入探究和实验，通过“写”来记载自己和学生的发展变化状况；当课题研究达到了预期目的之后，还要写结题报告，明确研究的大体状况、取得的成果、经验和教训、今后需要改进的问题等。在此过程中，写作研究性文章的能力也在不断提高和发展。

勤于教育论著写作，就是勤于教育教学的研究和实践，当一篇篇研究性论文、一部部研究性著作公开发表出版发行和得到同行的认可时，其实就是一个个教科研课题被攻克、被解决时，就为别人解决该问题提供了可供借鉴的材料：这是一种善举、一种奉献精神。

如何提高教师的职业道德修养?

一、提高教师职业道德修养的意义

(一)教师职业道德修养是教师道德人格不断完善的需要

教师良好的道德人格不是与生俱来的,也不可能自发形成,而是在后天的社会实践中形成的。对于教师来说,教师职业道德修养在其自身道德品质的形成和发展中具有决定性意义。

(二)提高教师职业道德修养是做好教育工作的需要

一个合格的教师,不仅应掌握一定的专业知识,懂得教育的规律,具有教学和教育的各种能力,而且必须有较高的职业道德修养,这样才能在职业劳动中不断提高对教师道德的认识,规范自身的教师道德行为,以培养崇高的思想情操和良好的道德品质,充分调动和发挥教师自身的积极性和创造性,在社会主义现代化建设中有所作为,完成时代赋予教师的教育任务。

人民教师肩负教育和培养社会主义新人的崇高使命,为了培养好青年一代,应重视职业道德修养,教师应当把自己培养成为一个值得推崇的模范。

强化教师职业道德修养有利于提高教师素质;有利于强化教师的事业心、责任感;有利于净化教育行业风气,推动社会精神文明建设;有利于推动素质教育的有效实施。

二、教师职业道德修养的基本原则

坚持知和行的统一,“知”即对教师道德的认识及在这基础上形成的观念等,“行”即行为;坚持动机和效果的统一;坚持自律和他律的结合;坚持个人和社会结合;坚持继承和创新结合。

三、提高教师职业道德修养的基本方法

（一）加强理论学习，注意内省、慎独

人们从事改造客观世界的活动需要有知识，这就必须学习。同样，人们改造主观世界，提高自己的道德水平，也需要学习。加强理论学习，是提高教师职业道德修养的必要方法。

首先，教师要认真学习理论，树立正确的世界观和人生观。不学习理论，就不可能科学地、全面地、深刻地认识社会，认识人与人之间的正确关系，因而也就不可能形成科学的人生观和世界观。从根本上说，教师高度的社会主义师德觉悟，正是以科学的世界观、人生观和革命理想为指导的。只有确立这样的科学世界观、人生观，才能坚定不移地热爱社会主义祖国，热爱和献身人民教育事业，自觉地把个人生命的意义、价值与人民教育事业紧紧地联系在一起，把教育和培养好学生、为教育事业作贡献看做人生最大的幸福和快乐，才能矢志教育，义无反顾，以坚忍不拔的精神战胜前进道路上的一切困难，为人民教育事业而努力奋斗。

其次，应在理论学习中深刻理解教师道德规范和要求，明辨道德是非，提高遵守师德规范和要求的自觉性。教师道德的规范和要求，是社会道德在教师职业活动中的具体体现。将师德要求转化为教师个人的内心信念，需要教师有一个自觉学习、接受教育的过程。有的教师违背师德要求常常不是有意的，而是对遵守师德规范和要求的必要性、重要性缺乏了解和认识引起的，因而，教师学习和掌握社会主义师德的基本知识是非常重要的。

再次，应当学习教育科学理论和丰富的科学文化知识，掌握教书育人的本领。教师学习教育科学理论，掌握教育规律，按教育规律办事，才能更好地完成教书育人的职责，这本身是教师职业道德规范的一个要求。同时，通过学习教育科学理论，教师能进一步明确自己在教育教学中的主导地位，对学生的身心发展起重要作用，这就更能使教师进一步严格要求自己提高职业道德修养。教师还应学习丰富的科学文化知识，只有广泛地学习自然科学和社会科学知识，才能使教师从各种关系和联系中认识改造世界的任务，认识社会和人生，只有这样，才能真正做到在教书过程中育人。

"内省""慎独",是教师提高职业道德修养的重要方法,要注意在理论学习过程中进行"内省"和"慎独"。内省,即指自觉地进行思想约束,时时反省、检查自己的言行。内省是靠自觉性来约束的,不自觉或自觉性不高就难以真正进行内在的自我反省。"慎独",既是一种崇高的道德境界,又是一种道德修养的重要方法。进行教师职业道德修养,也要"慎独"。古人云:"为人师者可无慎耶?"教育劳动是教师个人劳动和集体劳动的有机结合。每个教师在教育职业活动中既具有重大的职责与义务,又拥有独立而自由地选择教育行为方式的权利。在许多情况下,教师的职业活动是单独进行的,他的许多教育行为具有"隐蔽"的特点。教师能否"慎独",即在无人监督的情况下,处处按照社会主义教师道德的要求行事,直接关系到学生的德、智、体全面发展。因此,在职业道德修养中要自觉做到"慎独",离开了"慎独",也就无所谓真正的道德修养。教师要注意把师德规范内化为内心信念,化作行为的品质,以此来支配教师的行动,即使在独处和无人监督之时,也依然按照师德规范行事。

教师要在"隐"和"微"处着手,狠下功夫。别人看不见、听不到的地方,是教师锻炼自己师德品格的重要场所,是自我道德修养的"根据地"。只有在别人看不见、听不到的地方也能自觉进行修养,才能成为品行高尚的人。俗话说:"积小善而成大德。""千里之堤,溃于蚁穴。"优秀的师德品行,常常是从小事上开始培养起来的。"细微之处见精神。"教师要注意从细微小事上锻炼师德,筑起人民教师的"人格防线"。

教师要重视在无人监督时,自觉履行师德规范,养成良好的师德行为习惯,有了这种习惯,就无须外来的制裁和强制的压力来推动师德行为。而这一点对教师来说极为重要,因为教师的劳动特点富有极强的自主性和独立性,没有"慎独"的修养,就很难做好教育工作。

(二)勇于实践磨炼,增强情感体验

教育实践是正确观念的认识来源,只有在教育实践活动中,才能正确认识教育活动中的各项利益和道德关系,才能培养好自己的师德品质,教育实践是不断提高教师职业道德修养的动力。教师道德修养不是一蹴而就的,而是在教育实践中不断认识,不断提高,不断完善。

磨炼教师职业道德意志和坚定教师职业道德信念是教师履行职业道德行为的有力保证。道德意志在道德素质的培养中起重要作用。一个具有顽强道德意志的人,

即使在极其困难的条件下，也能抵制外部的腐蚀和引诱，保持“富贵不能淫，贫贱不能移，威武不能屈”的高尚情操。道德意志在道德素质的形成过程中起着特殊的作用，如果没有道德意志，即使有了道德行动，也不可能持久。此外，道德信念是教师对道德理想、道德人格、道德原则、道德规范的坚定不移的信仰，是由一个人的道德认识、情感、意志所铸成的比较稳固的“合金”，是人们的道德认识转变为道德行为的媒介和内驱力，它使道德行为表现出明确性和一贯性。可以说，道德信念是道德品质构成的核心要素，是人们的道德行为最深层的根据和重要保证。

（三）见贤思齐，虚心向他人学习，自觉与他人交流

苏联教育家加里宁说：“教师一方面要献出自己的东西，另一方面又要像海绵一样从人民中、生活中吸收一切优良的东西，然后再把这些优良的东西献给学生。”德国教育家第斯多惠在《德国教师教育指南》中讲过：“只有当你不断地致力于自我教育的时候，你才能教育别人。”我国古代教育家孔子也曾说过：“三人行必有我师。”这都说明教师要加强师德修养，不断提高自己的师德水准，就要有从师的美德，善于发现别人的长处，虚心学习别人的优点，哪怕是很小的长处也要学习，只有这样才能积小善为大善，积小能为大能。

虚心向他人学习，首先要注意从教育家处汲取思想营养。比如，在我国人民教育事业的发展过程中有一大批革命教育家，如徐特立、陶行知、吴玉章等，为人民教师留下了宝贵的精神财富。他们有热爱党、热爱祖国、热爱人民、热爱教育事业的高尚情感，有热爱学生、教育育人、钻研知识的可贵品格，有无私无畏、勇于创造的革命精神，向我们展现了人民教师的理想人格，只有主动了解他们的事迹，学习他们的优秀品质，才能升华自己的师德境界。

在师德修养过程中，要注意学习和汲取社会生活中一切有用的养料。社会生活是一座道德宝库，蕴藏着丰富的宝藏，每时每刻都有闪光的思想和行为。例如：各行各业在社会主义现代化建设的艰苦创业中所涌现出来的许许多多的新人、新事、新风尚，都反映了时代特征的新道德的精华，不仅为各行各业职业道德的升华提供了营养，也给师德修养提供了借鉴和营养，我们只要细心观察，虚心学习，就能够受到激励，找出差距，用好的道德风尚充实自己，使师德更加芬芳。

善于向别人学习的人，才是发展潜力最大的人，才是最有发展前途的人。在师德修养中善于虚心学习他人，自觉与他人交流，才能成为师德修养高的教师。

（四）确立可行目标，坚持不懈努力

道德修养同人们认识和改造客观世界的一切活动一样，不能是盲目的、无计划的，必须有着明确的目标作为指导。

在教师职业道德修养中，指导整个修养过程的总目标是崇高的教师职业道德理想，它作为一面旗帜，为教师如何做人、如何承担教书育人的责任指明了前进方向和奋斗目标，并成为教师的重要精神支柱，推动和激励着教师朝着更高的道德境界奋进。但是，由于教师道德修养过程是构成师德的各种要素相互制约、相互影响、相互作用的过程，个人原有道德水平与社会道德要求之间的矛盾和不平衡性，使得教师道德修养的目标必然有着层次之分，每个教师必须从自身的实际情况出发，确立可行的目标，去努力实现自身师德从无到有、从现有层次向更高层次的攀登。

师德修养实际上是教师道德认识、情感、意志、信念、行为和习惯等诸要素从无到有，从低到高，从旧质到新质的矛盾运动过程。这也就决定了它是一个长期的、艰苦的过程，要求教师要坚持不懈地努力。不管是师德认识的提高、师德情感的陶冶、师德意志的磨炼、师德信念的确立，还是师德行为和习惯的培养，都不可能是短期的、轻而易举就完成的，也不可能一蹴而就。教师在教育实践中要不断地选择自己的行为。随着教育实践活动的深入和发展，会提出许多新的问题，教师总是面临新的选择考验，教师道德修养也就不能停留在一个水平上，而是永无止境。所以每一个教师都要经过长期修养，不断磨炼，做到坚持不懈，才能使自己的思想品德修养不断提高，达到更高的境界和水平。

总之，师德修养是一个循序渐进、逐步提高的过程，既要有崇高的师德理想作为个人修养的目标，又要从自身实际出发，有切实可行的具体要求，只有从现实实践中的具体问题入手，刻苦磨炼，坚持不懈，日积月累，才能取得成效。

如何让教师的心理阳光起来?

教师是个特殊的群体,要为人师表,传道、授业、解惑。教师拥有健全的人格和健康的心理比拥有扎实的专业知识和多彩的教学方法更为重要,因为教师不仅是在传授知识,更是在塑造人格。教师的心理健康不仅会直接影响自身的身体健康,而且还会波及生活、工作和家庭幸福。

近几年来,教师的心理问题已越来越受到关注。有研究表明:中小学教师心理障碍发生率高达48%,69%的教师有自卑、嫉妒心态且焦虑情绪严重。读者可能会觉得这个数字有些夸张,但教师心理障碍发生率偏高是不争的事实。

一、教师心理障碍发生率偏高的原因

(一)主观原因

烦恼与快乐是两种既对立又统一,并在一定条件下可以转化的心理体验、感受和情绪。生活中本没有那么多的烦恼,只是我们不善于用阳光心态去化解和冲淡心理阴影,是自己和自己过不去而已。

因为个人承受力、控制力等心理素质和性格、气质、能力等人格素质以及学识、阅历等因素存在差异,人们对待问题的认识角度和心理感受状态也就不尽相同。当面对一些具体的事情,有些偏己、自私、视野狭窄、思想复杂的时候,烦恼就接踵而来。一般地说,不能客观认识自我和现实、目标不切实际、理想和现实差距太大的教师,或者有过于强烈的自我实现欲望和自尊需要的教师更容易引发烦恼,出现心理问题。俗话说“是非只因多开口,烦恼皆为强出头”,是有一定道理的。

从老师们所反映的情况来看,引起烦恼的问题主要集中在这样几件事情上:职称评定,比自己差的老师都评上了,而自己却名落孙山;评优评先,会来事的同事都搞到了个“优”,弄到了个“先进”,而默默无闻、卖命卖力、不会溜须拍马的自己却颗粒无收;绩效工资,每位领导都比群众高,根本体现不了多劳多得的原则,自己太吃亏;教师聘任,好多人靠关系,走后门,没门路的自己思想压力太大;乱班交给自己,学生以及家长和自己较劲,打不得,骂不得,忍耐又等于纵容,搞得自己焦头烂额,吃不好,睡不着;班级得不到流动红旗,每次升旗仪式上公布周评比结果时,自己都紧张得要晕倒;备课、上课、作业批改、搞活动、管理班级、教育学生、学历进修、教育培训等等,疲惫不堪……除了这些问题,还有如新课改理念和现有考核制度的矛盾带来的困惑,学校中的人际关系,家庭关系,恋爱问题等等。

分析概括一下造成教师痛苦和烦恼的主观原因:其一,个人思想定位高,别人能力都不如自己却比自己都强;其二,对目前某些现象不满,即气不过;其三,不能理性、大气地对待现实问题,斤斤计较。

(二)客观原因

当前,教师面临更多的公众压力,过高的职业道德要求与不相称的社会地位、经济状况之间的强烈反差给教师带来了无尽的烦恼。工作任务繁重、升学压力过大、收入不甚理想、生活空间狭小等现实,决定了教师是一个与社会联系较少,参与种种决策的机会也较少的,比较孤立、封闭的群体。当教师过高的自我期望不能实现或遇到障碍时,就会产生强烈的挫败感。

分析概括一下造成教师痛苦和烦恼的客观原因,无外乎是:竞争中的不公平,带来干群、群众间的关系紧张;量化考核过细,导致教师疲于应付;评价体系的不科学,挫伤教师的积极性;不合理的物质激励,导致教师心理失衡;单一的激励方式,使教师不能获得成就感;超长的工作时间,导致身体疲惫;内部管理改革,使教师人人自危,等等。

影响教师生活质量,造成教师心理障碍,使教师高兴不起来的原因,无论是主观的还是客观的,都符合辩证唯物主义的哲学观:外因是变化的条件,内因是变化的根据,外因通过内因而起作用。

二、如何让教师的心理阳光起来

(一)从教师的个人角度

掌握心理调适方法,增强心理保健意识。在相同的学校环境中,有的教师感到单调、疲惫、空虚，而有的教师却感到充实、丰富、幸福，区别就在于认识事物的角度不同，方法不同。“横看成岭侧成峰，远近高低各不同。”一件不好的事情，换个角度去思考，或许就会觉得并没有那么糟糕，甚至可以转化为好的事情。

要培养乐观、积极的人生态度，学会面对现实，拥有一颗爱心、平常心和宽容心，遇事豁达、正直、坚强；要了解和欣赏自己，树立信心，养成自我激励的习惯；要学会善于多元和换位思考，多为他人着想；要勤奋工作，主动进修，积极进取；要打破封闭，加强沟通，建立良好的人际交往圈以疏解郁闷；追不到的东西要学会放弃，退一步是为了更好的前进；学会合理宣泄和放松，如谈话写信、运动旅游、勤劳动、看电影、听音乐等；换个环境，重新开始生活；养个宠物，修身养性，调节情绪……

总之，欲望要少点，事要多做点；攀比要少点，知足常乐要多点；改变别人要少点，改变自己要多点；闲事少管点，书要多看点……

（二）从学校和上级教育管理部门的角度

管理者的不同道德水准——主要是公平、正直、无私三大要素，以及风格和能力水平，对教师的身心健康起着至关重要的作用。为此，上级教育管理部门要想方设法提高领导者的素质，把好选拔任用这一关。

学校和上级教育管理部门要通力合作，加快推进素质教育的进程，改革评价制度；要坚持以人为本，实行民主管理，给教师以人性的关怀；完善各种制度，用合理的制度来制约人，引导人，激励人；建立有效机制，促进教师专业化发展，提高教师对工作的成就感……

（三）从国家的角度

国家要把社会用人观念从“学历本位”引导到“能力本位”上来，把家长对孩子的期望观念从“成绩本位”引导到“素质本位”上来；要依法保障教师的合法权益，切实提高教师的待遇和地位，解除教师的后顾之忧；要为学校创造宽松的教育教学环境，强化社会教育，推进社区教育的实施进程；社会对教师应给予合理的期望和信任；继续推行素质教育和教育改革，真正地把素质教育落到实处。

教师，请让内心阳光起来。当您能够做到以刻苦读书、刻苦钻研和实践教育为乐，以刻苦总结写作、提升自己为乐的时候，您的精神境界就会上升到一个崭新的高度和层次，您就一定是个有理想、有道德，心里充满阳光的光荣的人民教师，因为此时的您，已达到了忘我的程度，哪还有那么多的私心杂念、斤斤计较？

日前，心理学研究从六个方面提出了教师心理健康的参照标准：热爱教师职业，乐于教书育人；心态良好，能正确接受并接纳自己；有优良的教育水平；能自己调控情绪；在人际交往中能与他人和谐相处；能尽快地适应教育环境的变化。参照此标准，您衡量一下，自己的差距在哪里？若有差距，请您设计一个阳光计划，改变一下自己，使自己的心理阳光起来。

让教师的心理阳光起来，关乎学生，关乎教育，关乎国家的前途和命运，要多方合作，综合“给力”，才能见成效。政府解决教师问题要实惠、长远一点，学校管理教师要民主、自由一点，教师自我调节要理性、大度一点。

年轻教师要力戒哪些问题?

一、戒懒

现在的年轻人,大多是独生子女,父母的掌中宝。因为过惯了衣来伸手、饭来张口的日子;因为刚刚参加工作、进入社会,发现现实并不是仅仅因为勤奋就能得“利”,更重要的是靠人际和利益关系,懒惰的习惯就在这“自然”的环境中形成了。

懒惰是一种心理上的厌倦情绪。主要表现为:

(一)懒学

有的人一提学习就头疼,稳不住神,静不下心,学不进去;有的人表面上看是在学习,但不是为了掌握科学理论和现代知识以提高自己的教育教学水平,而是用于装潢门面,应付检查;有的人目光短浅,胸无大志,不是把时间花在学习上,而是消磨在闲聊琐事里,玩在牌桌赌场上,耗在电脑游戏中……

(二)懒思

有的人只唯上,不唯实,只认教材及参考书等“本本”,照抄照搬,丢失了自己的“思想”;有的人只干不“思”,即使已经工作了几年甚至是几十年,也只有满脑子“半成品”,缺乏真知灼见;有的人只学不“钻”,看似“认真”读书看报,实则是“读书看目录,读报看标题”,蜻蜓点水,一目十行,不求甚解,不愿联系实际做深入思考……

(三)懒做

有的人好吃懒做、眼高手低,说得好、做得差;有的人明明知道怎样做事是最好的,但就是缺乏身体力行的精神;有的人拈轻怕重,缺乏吃苦耐劳的精神;有的人整天苦思冥想,不爱从事体力的甚至是体育活动,对周围的人和事漠不关心;有的人日常工作和生活无规划,饮食起居无规律和秩序,好像有今日无明日……

倡勤戒懒,是弘扬中华民族传统美德的客观需要,也是为人师表的需要,更是提高教师素质的需要。

要戒懒，就需要做到“四勤”：其一是勤于学习，善于积累——多读书，多听课，多参与教育教学活动；其二是勤于思考，善于总结——多写教育教学笔记，多写研究性论文；其三是勤于实践，勇于吃苦——大胆尝试，持之以恒，百折不挠；其四是勤于钻研，精于本职——爱岗敬业，深钻细研。

二、戒骄

“虚心使人进步，骄傲使人落后”，这是一个亘古不变的道理。年轻教师接受的是现代教育，有很强的优越感、表现欲，很容易滋生傲慢情绪：有的人过于自信，总觉得自己有一身本领，取得一点成绩，受到一点表扬，就会飘飘然，甚至自吹自擂、沾沾自喜；有的人“坐井观天”，总感到自己工作得不错，看不到自身的弱项和差距，不注重学习借鉴别人的先进经验；有的人汇报工作时夸夸其谈，讲问题时却避实就虚、避重就轻，甚至避而不谈……

年轻人有点骄傲可以理解，但如果以此为理由放纵自己、随心所欲，没有了约束，行动自由散漫、懒懒散散，就会被乌云遮住双眼，导致发展停滞，问题频出。

当今世界是个竞争激烈的创新时代，每一个人都应该深刻认识到自身的差距和不足，埋头学习和实践。年轻教师更要实事求是地对待自己，正视自己，加强自我修养，谦虚谨慎，增强紧迫感，自我加压，有计划、有步骤地学习一些理论、业务知识，不断地将所学知识应用到实践工作中去，在实践中深切领会和把握教育教学的精髓，使自己成为一名合格甚至是优秀的教师。

三、戒躁

“躁”是指在社会竞争日益激烈的情况下，急于求成却又不愿付出相应代价，进而出现的急功近利的情绪和价值取向。

“躁”的主要表现是：

（一）浮躁

有的人学习坐不住，静不下心，往往浅尝辄止，满足于一知半解；有的人调查研究不深入、不细致，掌握情况不全面、不准确，指导帮带走马观花、蜻蜓点水；有的人刚任职一两年就稳不住神，想进步又不愿付出艰苦努力，热衷于拉关系、找门路……

（二）急躁

有的人急功近利，急于求成，急于表现，眼高手低，投机钻营；有的人不顾教育教学的客观实际，盲目教改，“翻新做秀”追新潮；有的人急于请功，不顾大局，弄虚作假，沽名钓誉……

（三）烦躁

有的人工作上安于现状，喜欢风平浪静；有的人生活上追求玩乐，贪图享受，热衷于应酬、拉关系、和稀泥……所以他们一有任务就烦，一遇事就烦，一说做事就烦，一遇到困难就烦；拿钱不干活，能拖则拖，能躲则躲，生活得过且过……

（四）暴躁

有的人教育学生没有耐性，方法简单粗暴；有的人遇事不能保持清醒头脑，动辄发怒，发火，发脾气，发牢骚；有的人做事仅凭个人喜好和情绪好坏，喜欢挑三拣四，对感兴趣的事风风火火，不愿做的事却推三阻四；有的人受得了表扬，却受不了批评，工作干劲时高时低，左右摇摆不定。

克服“躁”，重在“稳”。“非淡泊无以明志，非宁静无以致远。”古今中外，凡成大事者，几乎都具备沉稳的性格。他们经得起诱惑，耐得住寂寞，无论在什么环境中都能保得住操守。作为年轻教师，一定要把“戒躁”作为人生的守则，在追求沉稳中走向深远。

四、戒势利

所谓势利，是指以权势大小、地位高低、财富多寡等来作为自己追逐、奉承、利用对象的标准，以达到获取个人利益的目的的行为，具体体现在待人接物态度、择友观念、是非倾向、巴结对象等方面。唯“上”是从、唯“本”是从、唯“财势”是从是势利的表现；认为夫贵妻荣、父贵子骄也是势利的表现；见权贵则献媚、见草民则鄙视更是势利的表现；不重内涵，只看派头、行头，还是势利的表现……

刚刚参加工作的年轻人，对社会缺乏了解，免疫功能差，很容易被病菌侵蚀肌体，被“势利”左右思想和行为，进而病入膏肓。

戒势利，关键在于“出淤泥而不染”，刻苦练就高尚的师德。师之魂是师德，德之魂是身正。身正就是要“讲正气，行正义”：在是非面前要处正断直，切不可人云亦云；在对错面前要旗帜鲜明，切不能混淆视听……教师讲正气、行正义的意义不仅仅在于提高自身道德水准，更重要的是对学生施以影响和教育，使他们明辨是非。

身正就是要“走正道，办正事”。教育的正道、正事是全面实施素质教育，全面提高教育教学质量，为社会主义建设培养德、智、体、美、劳等全面发展的人才。与此相适应的教师的正道、正事就应该是刻苦学习，钻研业务，提高教育教学效率，积极探索实施素质教育的途径和方法，将素质教育的目标落实到每个学生的身上，使每名学生都能成人、成才。

身正就是要“讲正理，念正经”。讲正理就是讲真理，追求真理；念正经就是要不断学习，掌握甚至是精通自己本专业、本学科的专业知识，善于总结教育教学中的经验和教训，不断调整自己的教育教学方式和方法，做到“心无旁骛”。

身正首先要“心正”。首先为人处事以及教育教学的思想要端正，符合道德规范、现代教育教学的规律和时代发展的要求；其次是“行正”，即走正道，办正事，正派做人，秉公办事，它是身正的关键；再次是“言正”，即讲真理，敢直言，敢说真话，不妄言，不说谎言。

五、戒忌妒

忌妒同“妒忌”“嫉妒”，词典的解释是对品德、才能、名誉、地位或境遇比自己好的人心怀怨恨。词典对“忌妒”的“……心怀怨恨”的解释有些偏颇，或者说是有些“言过其词”。因为“怨恨”这个词的解释是“对人或对事物强烈的不满或仇恨”。其实，“忌妒”是人皆有之的对己不如人的一种不满足的心态，“强烈的不满或仇恨”的情绪只是个别的不良现象，并非主流，我们这里所说的，就是要警惕这种个别不良现象的发生。

“争强好胜，不想输在起跑线上”，是绝大多数刚参加工作的年轻教师的共同心理特征。那么，如何克服忌妒心理？

（一）走自己的路，不盲目攀比别人

中国有句老话，叫做“人比人，气死人”，一个人的能力有大小，不能一概而论。人

各有短长，要心中装有“取长补短”的雄心壮志，走适合自己的路，努力做最好的自己，这样才不至于产生不良的“忌妒”心理。

（二）保持“比上不足，比下有余”的“知足常乐”的心态

世上总有一些人会比你强，这叫“山外有山，人外有人”，但世上也总有人不如你。妒忌心起时，不妨看看周围那些不如你的人，感激你目前所拥有的一切。

（三）把握已有的“财富”

不要因为尚未得到的东西而妒火中烧。想想自己有些什么，比如稳定的工作、稳定的收入、幸福的家庭、知心的朋友等，将视线转移到“我拥有”，而不是“我想要”，就会找到“富足感”。

（四）用祝福的心态看待他人

“眼红”的时候，试着马上改变思路，将妒忌心转换成对他人的美好祝愿。理解他们成功背后的努力、运气和奋斗，真心祝贺他们，用他们的成功激励自己。

（五）相信自己也能成功

努力不一定成功，但放弃就一定会失败。人各有志，每个人都有不同的能力，发现自己的特长，明确自己的人生目标，锲而不舍地去学习、实践，再学习、再实践，循环往复，就一定会闯出属于自己的成功之路。

走在人生工作旅程的起点上，年轻的教师需要注意的问题许许多多，非上述所列几条。作为一名具有三十多年教龄的老教师，我衷心希望新一代的教育工作者能够扬长避短，奋发图强，因为教育的希望就寄托在你们的身上；同时也希望学校领导及上级有关管理部门，能够为年轻教师创造一个紧张而温馨、融洽的环境和氛围，以促其发展，使其成才。

怎样才能成为优秀的班主任?

一、优秀班主任的角色意识

(一)优秀班主任应有的角色

1. 老师

在与学生探讨知识时是老师,循循善诱。

2. 母亲

在关心学生疾苦时是母亲,无微不至。

3. 朋友

在与学生交往中是朋友,无话不谈。

4. 医生

在学生犯错时是医生,治病救人。

(二)优秀班主任的角色转换

1. 由班级事务的应付者转换为学生自主管理的指导者。

2. 由学生问题的处理者转换为学生自我教育的引导者。

3. 由空洞道理的说教者转换为活动育人的设计者。

二、优秀班主任应具备的素质

(一)高尚的师德

1. 责任心

责任心是做好班主任工作的前提。作为班主任,要有高度的责任心和使命感,在日常工作中自觉地把份内的事情做好;要像家长一样关心、照顾、爱护、帮助学生,不论是表现好的还是表现差的学生；要有针对性地引导、帮助学生树立正确的人生观，培养他们爱祖国，爱人民，爱集体，爱他人，教育学生学会做人，学会合作，学会做事。

2. 爱心

爱心是班主任走进学生心灵的法宝。师德之魂在于爱，爱就是教育。班主任只有用自己的爱才能与学生产生心灵的碰撞，才能超越人的自然属性而达到完美的境界。班主任有了爱才能产生工作的动力，才能在工作中倾注满腔热情，发挥积极性和创造性。

3. 公平心

公平心能赢得全班同学的爱。作为一名合格的班主任，要拥有一颗公平心，要秉公办事，作风良好，而不是偏心哪个人，不管是班干部还是一般的同学，都要一视同仁。做到奖罚分明，这样学生才能感到教师是公正的，才能为师生心理沟通扫除心理障碍，才能赢得全班同学的爱。

4. 宽容心

宽容心是师生关系的粘合剂。古语说："金无足赤，人无完人。"是人总会犯错误，总会有不足之处，特别是学生，年轻、幼稚，其思想品质、心理素质尚未成熟，这就需要班主任有一颗宽容的心，少点苛求与挑剔，多份理解与支持。教育批评学生时，要尊重学生人格，晓之以理，动之以情，以理服人，以情感人。但应注意，宽容应有一定的限度，过度就成了纵容。

5. 细心

细心是班主任工作的助手。细心就是用心细密，做事细心，周密地考虑各种问题，精益求精地把事做好。因此，班主任要细心观察学生的一言一行，细心观察学生学习、生活的变化，及时发现和解决他们在学习、生活中遇到的各种问题和困难，使家长放心、学生安心，使学生从情感上体会到班主任是可敬可亲、值得信赖的人。

（二）勤奋刻苦的工作作风

1. 腿勤

班级学生管理工作千头万绪，班主任要走入学生家庭，融入学生生活，掌握班级总貌，了解学生现状等，要脚勤。

2. 眼勤

多读书；在课堂内外观察学生的情绪状况、作业正误、集体观念、个性倾向、意志品质、行为能力等，要眼勤。

3. 嘴勤

多与学生交流，与家长沟通，同领导商榷，要嘴勤。

4. 手勤

用自己的双手给孩子做示范，见到垃圾捡一捡，身体力行，教育教学心得体会写出来，要手勤。

5. 脑勤

开动脑筋多思考，针对学生独特个性，选择合适、合理、针对性强的教学方法，帮助学生全面发展，快乐学习，健康成长，这就需要脑勤。

（三）扎实的专业素养

一个优秀的班主任首先应该是一位优秀的科任教师，要有扎实的专业知识：一方面是对已掌握的知识达到一定的程度；另一方面是不断获取新知。心中要有种永不衰竭的求知欲望，像一个永不疲倦的探险家，对未知充满渴望，要不断吸取新信息、新知识、新理论，不断充实自己，完善自己的知识结构。作为教师这个职业来说，它还应具有下列几种能力：

1. 驾轻就熟的教育教学能力；
2. 机制灵敏的教育教学应变能力；
3. 灵活的交往协调能力；
4. 深刻敏锐的观察分析能力；
5. 沉着冷静的自我控制能力；
6. 生动艺术的语言表达能力；
7. 勤于反思的教育科研能力；
8. 积极有效的自我调适能力。

（四）健康的身心素质

1. 调整心态和驾驭情绪的能力

现实生活中，班主任会遇到许多不如意的事情，诸多的不如意给教师的身心带来了很大的压力，如果不能较好地调节自己的心态，把生活中的不如意带进课堂，就会影响工作。所以做班主任的一定要能及时调整自己的心态，为自己创设一个愉快的工作氛围，把思考的快乐、学习的喜悦带给学生。

2. 健康的身体素质

健康的体魄是一个人工作和生活的基本保障，要有良好的身体素质才能适应未来纷繁复杂、急剧变化、充满竞争和压力的社会，才能应对未来教育的挑战。

（五）过硬的班级管理素质

1. 了解班级学生的基本现状，并制定相应的措施

优秀的班主任必须要了解学生的成长环境、兴趣和爱好，以便因材施教，培养学生正确的人生观和价值观。班主任不仅要在学习上成为学生的引导者，也要在学生成长的道路上成为学生的引导者，更要成为学生学习上的严师、生活中的良友。

2. 巧妙运用表扬和批评

学生都喜欢得到老师的当众表扬和鼓励，这样可以增强他们学习的勇气和力量。作为教师，要正确对待学生的差异，对于后进生要从关爱的心态出发，对他们要动之以情，晓之以理，用自己的爱和人格力量去感化他们，从正面、侧面了解他们，注意他们身上的闪光点，并及时鼓励、赞扬。但这并不意味着就不能批评，只不过要多表扬、少批评而已，即使是批评也要讲究分寸，讲究艺术，讲究效果。

3. 及时与家长沟通

在通讯十分发达的今天，微信、QQ、家长会、家访、约家长来校等与家长沟通的方式有许多，班主任要经常与家长联系，以平等对话的方式来沟通交流孩子的学习情况、心理状况等信息，用谈话的方式回答家长提出的学生教育问题。交流沟通多了，教师和家长就能了解学生的思想动态和行为表现，及时解决他们的思想困惑，纠正其不良行为。

4. 成为孩子的榜样

在班级管理中，凡要求学生做到的，班主任老师必须首先要做到。了解学生的日常生活习性，深入学生的心灵世界，以心换心，以情换情，有意识地树立起在学生心目中的良好形象，使学生“亲其师，信其道”，自觉地接受教育。

（六）具有良好的处理人际关系的能力

1. 班主任与学生家长的关系

学生的教育主要有学校、家庭和社会三个方面。班主任是联系学校与家庭的纽带，争取和依靠家长配合学校教育是班主任工作的一个重要方面。班主任要防止学校教育与家庭教育脱节，消除个别家长认为学生教育是学校单方面的事的错误观点。

2. 班主任与任课教师的关系

班主任工作对任课教师的教学工作起着促进作用,任课教师教学工作的德育渗透又是对班主任工作强有力的补充。班主任要经常与任课教师沟通,互通情况,共同研究教育教学问题,制订有效措施,分工合作,这是教育内部形成合力的有效举措。同时,班主任还应及时把学生对各科教学的意见与建议反馈给各位科任教师,以便搞好教育教学工作。

3. 班主任与班干部的关系

班干部是班主任的有力助手,班主任必须重视培养一批有组织能力、有威信、乐于为集体服务的干部队伍,组成班集体的核心。班主任应支持班干部的工作,维护他们的威信,充分肯定他们的成绩,但不能掩饰他们的缺点。对他们工作中出现的问题,班主任要主动承担责任,并帮助他们分析问题产生的原因,研究改进方法,使他们通过班级工作得以锻炼和提高。

4. 班主任与学困生的关系

班主任要善于发现学困生身上的发光点,因势利导,促其转化;要经常与他们平等对话,以帮助其解决学习和生活上的困惑。

5. 学生与学生之间的关系

班主任应正确引导学生处理好干部与同学之间以及优、中、差生之间的同学关系,引导他们正确认识和处理友谊与爱情的关系。杜绝小团伙的形成,要教育优生不歧视中差生,中等生不能满足现状,差生不能自暴自弃,引导形成团结向上的班集体。

6. 班主任、班干部与学生之间的关系

班主任应引导、教育班干部以身作则,处处起带头作用,团结同学,正确行使自己的权力,明确应尽的义务,为班级全体师生服务。

7. 个人、班级和学校三者间的关系

学生生活在班级集体之中,而班级又是学校大集体的组成部分。班主任要注意引导学生热爱学校,爱护班级荣誉,开展“为学校、为班级添光彩”的有益活动。如三者利益发生冲突,要教育学生自觉服从班级利益和学校利益,提倡自我牺牲精神和奉献精神。

怎样进行有价值经验积累?

一、有价值经验的来源及特点

(一)来源

刚参加工作的年轻教师,在最初的几年里所干的事情没有什么太大的区别,他们的经历有着很多相似之处,但是为什么在后来的日子里他们具有了不同的能力呢?一些快要退休的老教师在教育教学的神圣岗位上干了一辈子,他们所干的事情也没有什么太大的区别,他们的经历也有着很多相似之处,但是为什么到头来有的成了"教书将",有的却成了"教书匠"呢?

这是因为他们从相同或相近的经历中总结出了不同的东西,那些能够从自己的经历中总结出富有价值的经验的人,在工作中就会有更多的成功的机会。

很多经历是人生的财富,很多感悟需要经过亲身体验才能获得,但是不能因此就将经历和经验混为一谈。必须明确:经验不是所有经历过的事情,而是在经历、体验中对有价值东西的抽象、升华和概括。

有价值经验,一方面来自于直接经验,就是经过自身的实践证明是行之有效的方式方法;一方面来自于间接经验,就是通过看书学习或他人传授而获得的,在实践中证明也是行之有效的方式方法。由于主客观条件的限制,每个人不可能事事都亲自实践,大量的知识是通过学习书本知识或他人传授等间接经验获得的。

直接经验和间接经验是"源"和"流"的关系。从源泉上说,一切真知都来源于实践,都是人们亲自实践获得的。间接经验虽然不是自己亲自实践获得的,但它归根到底也是源于别人的实践。人们通过实践获得的知识,对自己来说是直接经验,对他人来说则是间接经验。

直接经验和间接经验合二而一,再通过自己在实践中的不断丰富完善,总结、抽象、升华和概括，就变成了自己的有价值的经验了。

（二）特点

1. 教育教学特点

从教育教学的角度说，有价值经验应具有如下特点：

(1) 理念的先进性

即以现行的新课程标准及现代教育教学理论为教育教学行为的指导思想。

(2) 操作手段、方法的先进性

即教育教学的工具是先进的，如多媒体介入等；组织学习的方式方法是先进的，如“自主、合作、探究”学习方式的实施，进行综合性学习和社会实践等。

(3) 省时高效

凡是能够取得“省时高效”的教育教学效果的东西都应视为有价值的经验。

在教师这个行当里，新教师首先要学习间接经验，在对间接经验的思考和实践中丰富、沉淀自己的直接经验；老教师要在直接经验的思考和实践中，总结经验和教训，本着活到老、学到老的精神，不断学习新的间接经验以丰富完善自己的新的直接经验。

2. 有价值经验内容的共通性

虽然教育教学的情况复杂多变，能够总结出有价值经验的内容也不尽相同，但有几点是共通的。

(1) 目的是解决问题

努力摸索和掌握有价值经验的初衷主要是为了解决问题。因此，能不能从纷繁复杂的变化中迅速地找到值得关注的现象，并从现象中抽象出具体的问题，就成为体现能力的第一要件。

(2) 明确的问题指向

如果要改变落后的局面，就必须使工作有明确的问题指向——具体回答每一项工作到底要完成什么，要改变什么，要解决什么……因此，在开展工作的最初阶段能不能明确工作的实质，能不能设计出更有效的方法，在很大程度上决定了工作最终能够产生的价值。在这里，对有价值经验的提炼更多地体现在对时机、条件、环境、曾经的挫折、可能的变化等的一种预先的估计和判断。

(3)体现经验价值方式的一致性

人们所看重的经验，不是过去的事情，而是未来的能力，那么体现出经验价值的方式就在于能不能预先设计好更合理的工作方式，在于执行的过程中如何应对那些计划之外的变化，在于能不能从纷繁的问题中总结出新的规律，发现新的机会。

一个人能不能从经验中迅速地提炼出有价值的经验，并应用这种有价值经验使自己的思考和实践更富有价值，决定了这个人的成长是否更快，进步的幅度是否更大。

二、在教育教学过程中如何积累有价值经验

首先，记录相关信息，为积累有价值经验奠定基础。

其次，分类研究所记录的信息，实现经验的抽象和理论的升华，完成有价值经验的原始积累。

最后，运用原始积累的有价值经验去指导实践，并在实践中去丰富、完善、发展原始积累的有价值经验，力争形成自己的具有个性化的教育教学风格。

教师的成长须经历从长期的有价值的经验积累到自我建构和形成风格三个过程。从最初的学习到认同归属，从了解自我到充实补缺，从切身经历中反思到发展自我个性，这不仅仅需要对教育的忠诚，更需要科学的思维方式和方法。

教师岂能不读书?

现在的中小学教师绝大多数不读书，而且年岁越大，不读书的越多，这是不争的事实。

一、现在教师为什么不读书

（一）社会价值观的影响

目前"读书无用论"非常盛行，社会风气越来越浮躁，越来越实际，越来越功利。崇尚权势与金钱，漠视知识、理想和志气的现象十分严重，老师作为社会的一分子，不可能不受影响。社会上，大家比的是谁的官大、房大，谁的钱多，谁的汽车档次高；校园里，教师的升迁、晋职、聘任基本上与读书无关。

身边的同事都不读书，你读了也无人欣赏，更无用武之地。社会价值观的低俗与功利，造成了读书氛围的缺失，使很多以前很爱读书的人也加入了世俗的队伍，聊天、玩游戏、购车、炒股等享乐、刺激性活动成为人们业余生活的最爱！

即使读书的人，所读的书也大多是一些小说、报纸和杂志，关注的也无非是娱乐、情感、体育、证券、饮食、健康等知识以及具有刺激和传奇性的"八卦"消息，很少有老师主动地去读教育教学方面的书籍，更别说是读哲学、史学等方面的书籍了。

（二）应试教育的影响

中高考一考定终身的选拔人才的机制，使中小学教育的价值取向聚焦在考试上。虽然各级教育行政部门一直宣称大力推进素质教育，但实际上还是不得不在乎中高考成绩，即使是在宣传素质教育的业绩时，也要以提高中高考升学率、名校录取率为"先进事例"。一个学校的升学率高，就能够吸引更多的人，尤其是尖子生，从而具备收取高额择校费的基础条件。这种功利性的教育体制，不可能带给老师从容不迫的读书心境和读书时间。

“应试”前提下的教学，只不过是把教材里规定的那些死的知识让学生死记硬背，考试的时候能够得个好分数，课堂教学关注的无非是重点、难点、知识点和易考点，教学方法主要还是加班加点、题海战术、反复演练。长期以来，教师被“以纲为纲，以本为本”的紧箍咒牢牢地禁锢着，任何人都不能越雷池一步。如此状况下，教学早已演变成为一种非常简单的技术性的劳动，根本不需要什么智能、智慧、艺术，尤其不需要什么渊博的知识、学问、学术。在这种情况下，教师哪里还用得着读书？

现实的教学状况表明，本身没有多少知识而能教出“成绩好”的学生的老师并不鲜见，而很有知识很受学生欢迎的老师的“教学成绩”不比前者好的也大有人在。其原因是我们的教学是在教死知识，而不是在发展学生的智力、智能、智慧。此种情况下的教师并不需要广博的文化知识，又有什么必要读书呢？

（三）没有时间读书

一切为了“分”的应试教育的工作是千头万绪的。由于社会、家长对学校的期望越来越高，学校之间的竞争日趋激烈，再加上各种比赛、考核、检查活动的增加，导致绝大多数的老师起早贪黑地备课、上课、批改作业、辅导，日复一日地开会、谈话、考试、分析、总结、接受检查……教师的业余生活被繁重的教育教学工作剥夺了，从而造成职业上的倦怠，此种状态，哪里还会产生读书的欲望？

阅读需要充裕的时间、安静的环境、从容的心态。自然作息的规律一旦被打破，教师就会陷入身体疲劳与精神疲劳的双重境地，即使是真正的放假，更多的教师也只能选择玩游戏、打麻将、游山玩水或者进行生活交际等活动方式以放松自己，而不选择读书。

除了上述三种主要因素以外，还有教师的主观因素，如不求进取、满足于现状、懒惰等；客观因素，如读书管理失控、书费过贵、资讯发达、媒体多样，使传统的读书方式受到挑战，再如受全民娱乐化的影响，“书香”淡薄，阅读式微……

二、教师应读什么书

（一）教育理性与智慧类

包括经典著作和教育新理论类著作，例如《陶行知教育名篇》《杜威教育名篇》《国际教育新理念》《赏识你的学生》《大教学论》《给教师的建议》《和教师的谈话》《教育漫话》《怎样培养真正的人》《漫谈班主任》《民主主义与教育》《多元智能》……这些都是对国内外教育产生过重大影响的图书。

（二）教学智慧与探索类

主要为了帮助老师们吸收他人的一线教学经验和智慧，例如《新课程教学问题与解决丛书》《新课程教学现场与教学细节》《新课程备课新思维》《英美精彩课堂》《教师科研有问必答》《教师反思的方法》……这些书都来自于实践，针对性强，能够帮助教师解决具体问题。

以上两类书籍，既有教育理论书籍，也有教育教学实践书籍，我们既要读理论家的书，也要读实践者的书。前者可以使思想深刻，知道自己未曾想过的东西；后者可以使自己思路开阔，了解未曾做过的事情。

（三）学科及学科相关类

假如你是语文教师，就要读一点语文教育史的书，如郑国民的《从文言文教学到白话文教学》；读一点语文教育大师的经典性专著，如胡适的《中学国文的教授》；读一点当代语文教育专家的论著和教学实录，如《优秀语文教师上课实录》；读一点阅读学、写作学、训诂学等相关学科著作，如周裕锴的《中国古代阐释学研究》；读一点中西文化及其经典的介绍，如《西方名著入门》；读一点古代文学作品的选本和注本，如《中国文学发展史》；读一点教材所涉及的作品，如读过《浮生六记》再教《童趣》，读过《论语》再教《〈论语〉十则》，等等。

除了读本学科的书以外，还要读与本学科相关的书籍，例如文科老师读一读理科书籍，感受科学的严谨，体味逻辑的力量，看看数字构建的宏伟瑰丽的世界；理科老师读一读人文类书籍，感受人文情怀，把握思想进步的脉络。

（四）学生喜欢读的书籍类

学生喜欢读的书最能体现其思想倾向。现在大多数学生爱看网络著作以及漫画、武侠言情等书籍，这些书籍内容良莠不齐，教师也需要读一读，即使是浏览一下也可以，以此来了解和掌握他们的心理状态，给缺乏甄别能力的学生以指导性意见。这既有利于学生的成长，又能够促进教师的自我发展，还可以促进教育教学工作的开展。

（五）提高自身素养类

教师的思想素养、文化素养对学生的影响是潜移默化的，是深远的。为此，教师应自觉提高自己的文化素养，要多读一些古今中外的文学作品、历史与哲学著作，尽量广泛涉猎各类书籍。

除了上述所列的书籍以外，调查研究表明，教师还应关注如何教育子女的书，如《谁拿走了孩子的幸福》《中国孩子缺什么》《孩子是管出来的》等；更要关注那些对工作具有直接指导意义的书，如《怎样培养习惯》《怎样搞科研写论文》《创新思维的培养》《反思教育习惯》《应试技巧》等。

读什么书，要本着实用、实效，能够提高教育教学素质的原则来选取。专业阅读应该是因人因书而异的，不能强求一律。有些官方推荐的书籍，教师却并不喜欢阅读，因为这些书籍并不适合教师，教师阅读专业书籍和学生一样，也应该有一个梯次。例如，许多中小学校向教师推荐苏霍姆林斯基的《给教师的一百条建议》，但事实证明，大部分教师在专业起步时期并不适合读这样的书，小学教师还不如读一些类似《孩子们，你们好》的书籍会更实用一些。

三、教师应该怎样读书

（一）问题读书法

教师的专业阅读一般不是对教育学、心理学原理的阅读，而是以解决问题为导向的阅读。专业阅读必须与教育教学实践紧密结合才有生命力。

带着问题去读书，其目的是读为所用。这种方法是指经过对某一理论或实践问题的思考，找出需要解决的问题，然后再去读书。例如笔者在听课中发现有许多教师不会上复习课，于是就到图书馆去寻找有关复习课内容的书籍，到网上去寻找有关复习课内容的文章，然后去分析、概括和总结，形成《概说复习课》一文，围绕复习课的意义、性质及其种类，复习课的基本结构、方法及其步骤，复习课要遵循的原则及其注意事项等问题进行阐述，文章定稿后还要投稿发表，以验证其是否具有科学性，然后再印发给大家或挂在网上让教师学习参考。

教育家苏霍姆林斯基总是带着教育领域中的一些问题而读书，孜孜不倦地从教育学、心理学、教育史以及各种教育方法专著中，摘录“最出色的内容”，然后分门别类地编辑成专题研究笔记，撰写出论文。他的著述被誉为“学校的百科全书”。他说：“面对浩瀚的书刊海洋，要非常严格慎重地选择阅读的书籍和杂志。要善于限制阅读范围，从中排除那些可能会破坏学习制度的书刊。”

带着问题读书，既解决了为什么读书的问题，又解决了比较、鉴别类似观点的异同的读书方式的问题，还能解决教师创新精神的培养、独立人格的养成和科研能力的提高的问题，可谓一劳多得，事半功倍。

（二）系统读书法

这里所说的系统读书，不是泛泛而读，而是根据自己的工作职业及岗位，全面、系统地阅读本专业的书籍的方法，也可以说是一种狭义的泛读法。例如班主任，就要全面收集有关班主任工作方面的书籍来一本本地阅读；科任教师，就要收集有关本学科方面的书籍来一本本地阅读。

系统读书的第一个层次是选读，即静下心坐下来，选择本专业、本岗位的书籍从头到尾认真读一遍。有些重要内容还要反复读，力争记住。此种方式的阅读要注意，论述同一问题的文章和书可能有不同出处和不同版本，因此，有的内容很近似，甚至有的论点都是相同的。在对它们有了全面地认识以后，就要优胜劣汰，即择优书而读之，择劣书而弃之，择假书而诛之。只有这样，才能掌握专业岗位要领，扩展专业岗位知识，为准确把握本专业岗位的知识结构、发展历程、研究现状和发展前景奠定基础。

系统读书的第二个层次是在选读的基础上的精读，即根据自己的兴趣和重点研究方向，进一步有选择性、有重点地精心阅读，这也是专业知识由面到点、由浅入深的细读。细读需要全面掌握相关的资料，辨明这一领域的发展进程，认识各家的论点，弄清学术动向。要做到这一点，就要在纷繁的头绪中理出逻辑顺序，归纳概括出较为科学的理论。尤其要注意对新资料的掌握和理解，因为有些新资料的出现不但会充实目前的专业研究，还可能会导致新理论的出现。

系统读书的第三个层次是研读，这也是系统读书的最高层次。研读是为了学习其理论、实践方法以及语言形式的研究性读书法。研读的文章和专著一般应是名家的成名著作或学术力作，即使不是名家的作品，也应该是在本专业岗位研究领域具有代表性或权威性的著作。在研读过程中，我们可以主要学习两个方面的精髓：第一方面是对治学方法问题的研读学习，即研究学习他们是怎样科学地组织文章并形成专著的结构体例的，怎样通过这种结构体例完成论述自己的理论见解，又是通过什么样的研究方法达到自己的研究目的；第二方面是研究学习他们是如何运用丰富的语言来完成对论述对象的解释和对问题的论述的，这种语言的学习很重要，但现在却为一般人所忽视。

读书的方法很多，上述只是常用的两种读书方式。

教师是履行教书育人神圣职责的人，教师如果不读书，那还有谁能够读书或者说应该读书呢？教师天生就应该和书是伴侣。教师读的书越广泛，教出的学生的知识就能越丰富；教师读的书越精薄，教出的学生的能力就能越强。假如在读书中再能坚持思考与写作，那就距离专家、学者的称呼不远啦，我们耳熟能详的大师，哪一位不是读书、研究、写作的高手？

如何做有良知的教师?

一、良心、良知与教育良知

(一)良心

良心就是善心,就是被现实社会普遍认可并被自己所认同的行为规范和价值标准。从心理结构上说,良心有认知、情感、意向三种成分。良心具有内隐、神圣和基本的性质。

教师的职业良心就是教育良心,它指的是教师在教育实践中对社会向教师提出的道德义务的高度自觉意识和情感体认,自觉履行各种教育职责的使命感、责任感和对自己的教育行为进行道德调控、评价的能力。

教师的职业良心可以表现在教育工作的每一个环节,其主要的内涵是克尽职守、自觉工作、爱护学生、团结执教。

(二)良知

良知就是关于宇宙天地人的正确认识,是人的一种天赋的道德观念,是孟子所说的“不虑而知”,是王阳明所说的“不假外求”,是生而知之,是“被圣灵充满”的优良之知。

“良知”是伦理实践的出发点,修身的“功夫”就在于用自己的“良知”去拒斥自己在意志行为中的恶的意向,并实施或实现自己的善的意向。

一个人,干了坏事知道羞耻,做了错事知道愧疚,受人恩惠知道报答,这就叫有良知。当然,关键是要知道什么是是非,什么叫恩仇,这种分辨能力的形成还要靠后天的培养。所以良知是天赋的道德,道德靠后天的修养。

(三)良心与良知的关系

要成就自身理想人格,关键在于能够以一定的价值意识和原则来主宰和调节自己的情感,这种价值意识和原则来自人的良心以及作为良心作用体现的判断力的良知。

1. 良心是情感和价值主体的主宰

良心不仅和现实的道德价值观念相关，而且是人对自身终极意义和价值认知的内化和结晶。人的良心是知善、乐善和行善的知、情、意的统一体，它既是一种价值意识，也是一种道德情感，同时还是一种潜在的意志——一种本能的意向，这种意向只有在作出选择和决断的时候，才成为真正的意志。

2. 良知是基于良心及其法则的判断力

良心能以立法形式为人们提供何事当为、何事不当为的法则。良心内在法更多地表现为一种具有普遍意义的道德"法律"。而处于现实社会生活的个人则要面对复杂繁多的社会信息、现象、关系以及时刻变化的条件与形势，同时还要受自身情感、愿望的影响，这就构成了人在行为实践境域的复杂性和多变性。这种情况下，良心的主宰作用和良心内在法的普适性和约束力是通过自身特有的判断力来发挥和实现的，这种判断力即为良知。

良知常与良心同义，但"心"有全体之义，而"知"有判断之能，所以良心是一个总体而言的知善、好善、行善的内容和形式的统一体，是一种人人本有的、特定的"知、情、意"合一的心灵存在，它本身不仅是人对价值，即至善观念的体现和结晶，同时还包含一种能动性，即自身立法以及由此内在法所产生的一种判断力。也就是说，心不仅仅体现为一种"理"（观念、法则）的存在，还有能够进行判断和选择的作用。这一基于良心自身的作用，一方面是关于善恶的直观而敏锐的判断力，即为良知；另一方面则是能动自愿地行善的行动力，是为意志。

3. 良心包含于良知之中

现代汉语中，"良心"与"良知"的基本义相同，只是"良知" 更为深刻，它需要人对自己内心世界的深刻反省，终极追问。而"良心"是大众认知的一种道德观，只是一个约定俗成的尺度，并没有深刻反省的过程。从中国思想史的范畴意义上看，良知包含良心、良能（行）。有学者指出：孟子所提出的良心、良知、良能的三个观念，作为"用"的良能是"体"的良心的使用践行；而良知则是对良心、良能的反省、直观，本身就是良能的一种发挥。换言之，良心与良知、良能是体用关系，良知与良能是知行关系。传统思想中的"良知"观念实际上已经兼具良心、良能、良知的意义；包含了发现良心、发动良知、发挥良能的三层意蕴。有良知，一定有良心，但有良心，却不一定有良知。

（四）教育良知

教育良知，主要是指教师个体或集体在教育实践中，对社会向教师提出的道德义务的自觉意识，对履行教育职责的道德责任感的价值认同和情感体认，以及对自我行为进行道德判断、道德调控和道德评价的能力。这是教师职业道德的高层次自觉表现，其核心是教师对学生、教师集体和社会自觉履行教育职责的道德责任感，它是教师职业道德的社会价值得以实现的根本，对规范教师职业行为起着指导、控制和监督及评价的作用。

教育良知是一切师德伦理实践的出发点，也是所有道德体现的核心点，同时也是所有师德的最起码的底线。之所以如此，是因为良知的最基本构成是人皆有之的恻隐之心、羞恶之心、恭敬之心、是非之心等。

（五）良知与教育良知的关系

1. 良知是人人“共知”

良知是人判断善恶、正邪，并择善而行、捍卫正义的道德品质，是一个包括了理性、情感、意志、信念等诸多道德意识成分的直接、真实的生命体验，它为“人人共知”，是人类的道德底线和最高原则。在实践中，它常常以“良心”这个“生活常识”的面孔出现。良知指向人的生命本身，即生命不仅“是”善的，而且“应当”是善的。

2. 教育良知是教育工作者的“共知”，并包含于良知之中

教育工作者除了应该具有良知的“共性”之外，还要具有教育良知的“个性”。教育良知是教育工作者在传承文化、影响人身心发展的社会实践中对生命的理解、尊重和信任，它着眼于生命的本真而最终指向于生命品质的趋善近美、圆融无碍的教育实践活动，是教育工作者的“共知”“同知”。它不仅是教育工作者的良心所在，而且更是其实践活动的道德底线和最高原则。

二、如何做有良知的教师

（一）有师德，才能有良心和良知

1. 教育的良知来源于高尚的师德

教师职业道德是教师从事教学活动所具有的道德观念、社会意识、行为规范和思想素质的综合准则，也是教师从事教育劳动时必须遵循的各种道德规范的总和。师德作为一种职业道德，具有社会主义职业道德的一般内涵，但又有自身的特殊性，这种特殊性取决于教育职业的性质、教师劳动的特征以及教师所肩负的工作任务。

师德的内容极其丰富，但核心内涵是身为教育工作者的良知，即“教育良知”，也有人称作“教育良心”。

2. 高尚的师德来源于严格的自律

教师自律，是教师自重、自省、自警、自勉等各种能力的总和，它来源于教师的人格品质，依托于教师的道德修养，是教师个人修养和道德素养的内化和升华，也是人民教师的最高境界。然而，自律是一种渴望完善的高尚情操的、完全发自内心的自觉追求。

在功利浮躁的应试教育社会，如何出淤泥而不染，保持思想自由、精神独立、特立独行、正直正义？在教育过程中，无论是言传还是身教，都有赖于教师主体的自身素养。因此，教师应该加强自律意识，强化自律能力，提高教师自身的素质，塑造良好的形象，增强人格感染力。

（二）有爱心，才能有良心和良知

1. 爱岗敬业

爱岗就是爱教育、爱学生，具有务实精神；敬业就是恪尽职守、无私奉献。“疼爱自己的孩子是本能，而热爱别人的孩子是神圣！”教师对学生的爱，在性质上是一种只讲付出不计回报的、无私的、广泛的且没有血缘关系的爱，在原则上是一种严慈相济的爱。这种爱是教育的感情基础，学生一旦有所体会，就会“亲其师，信其道”，也正是在这个过程中，教育才实现了其根本的功能。

2. 以生为本

教书育人、以生为本是教师的责任。责任是一个成熟的人对自己的内心和环境完全承担的能力和行为。教师的责任心是职业情感的基础，教师不仅对学生的现在负责，而且还要对学生的将来负责。

（三）有先进的教育思想，才能有良心和良知

1. 思想决定行为

教育思想决定教育行为，教育行为体现教育者是否具有教育良心和良知。要使教育工作者有教育的良心和良知，关键要改变思想，提高素质。教师只有带着先进的教育思想、现代的教学理念、渊博的科学知识、科学的教学方法等“思想”要件，才能使

教育教学行为具有良心和良知。

2. 坚持学习和实践

要具有先进的教育思想，就要坚持不断学习、实践和反思。融合教育教学理念与课堂教学的关键是要内化先进的教育教学理念，进而形成自己的教育教学思想，并持之以恒地去实践。“实践＋反思”是理念和行为相连接的最直接的手段，也是教师专业发展的有效途径。

（四）有良知，才能有教育之良道

教育的育人实质是使人实现良知的过程。如果教育要摆脱理性的捆绑与束缚，祛除机械文明的异化与压抑，就应该依据良知的召唤回归鲜活的生命，回归自然性的真实，重建现代人文精神，重建人生必需的形而上学，强化人生落脚的意义基础，满足生命的创造性要求。

一直以来都在求解的教育以及各种社会、人生问题，实际上都可回到良知的层面来寻找答案。一个和平稳定的社会不能仅仅依靠工具理性来获得，更重要的是要依靠代表人性光辉的良知。人不仅要获得情的安慰，也要尽到理的责任。情与理相互交融辉映，才能实现高度文明秩序，实现人文与科学的和谐互补。这实质亦是人类教育之根本所在，教育之良道实质是良知实现之道。

只有回到人类整体性的良知立场上，我们才能对人的生存处境应有的本真状态做出更有效的发言，无论异化的境况是何等的不堪设想，都可以通过良知的呼唤来恢复真正的自我。

对于教育工作者来讲，坚守良知不仅需要勇气，还要坚持专业判断。从目前教育的现状来看，需要有更多的教师能从素质教育的专业角度出发，发出理性的本真声音，这是以良知造就良知的当务之急。

良好的教师修养具体表现在哪些方面?

一、仪表

仪表是指人的外表,包括衣着、发式、举止和姿态等。教师仪表是教师整个风范的内容之一。尤其在中小学,学生善于模仿,教师的仪表对学生审美观的形成起着重要作用。因此,对教师仪表的基本要求,应当是具有职业美,即衣着、发式等都要求整洁和大方。

所谓整洁,也就是整齐和清洁,教师的衣服不论其质量好差、新旧,都要做到端正、妥帖,衣服要洗干净,每粒扣子都要扣好。这样,即使衣服很朴素,款式已陈旧,质料也一般,但仍会给人以清新、高雅之感,令学生可敬可亲,无形中成为学生学习的榜样。

所谓大方,就是在服饰、发式方面不要过分追求时新华美。一般说来,教师的服装式样宜庄重、明快和自然,衣服色彩不宜太鲜艳、刺眼,而应以素雅、含蓄为好。因为一个教师如果经常打扮得花枝招展、浓妆艳抹,将会分散学生在学习上的注意力,并有可能成为一部分学生议论的话题,这样会影响教学的效果和自己的威信。

教师还应该有一个好的风度。所谓风度,是指一个人的精神气质、举止行为以及姿态等方面的外在表现。教师的举止姿态,总的要求是稳重端庄和落落大方。在公众场合,还应十分注意自己的谈吐和动作,如不要一面讲话一面抠鼻子,不要随地吐痰,不要乱扔烟蒂,否则会影响自己的教师形象。

总而言之,一位教师在任何场合都应自觉地保持良好的仪表,待人接物严肃而温和,举止态度谦恭而自信,这样方能得到学生的爱戴和社会的尊重。

二、言谈

"师者，传道受业解惑也。"教师承担的主要任务都离不开语言表达，因此，作为一名教师要注意表达语言时应遵守的礼仪礼节。

（一）讲台上的言谈

1. 表达要准确

在讲台上，教师在讲授教学内容时应注意：学校中设置的每一门课程都是一门科学，有其严谨性、科学性，教师在教授时应严格遵循学科的要求，掌握专用名词和专业提法，不可随意通俗化，乃至庸俗化。同时，讲课要紧扣教学中心，表达应严密、直接。

2. 音量要适当

讲课不是喊口号，声音不宜过大，否则会给学生以声嘶力竭之感。如果声音太低又很难听清，影响教学效果。

3. 语言要精练

讲课要抓中心，不说废话和多余的话，给学生干净利索的感觉。

4. 氛围要活跃

讲课时可以适时插入一些风趣、幽默的话，以活跃课堂气氛，提高学生学习的兴趣。但不可过于随便，冲淡学科的严肃性，过多地在课堂上讲笑话、扯贫嘴，会影响正常教学内容的进行。

（二）与学生谈话

教师为了做好学生工作，经常要与学生进行谈话，谈话时要讲究举止，注意场合。

1. 提前通知，有所准备

谈话最好提前与学生打招呼，这既是一种礼貌，又是对学生的尊重。最好先简要说明内容，让对方有思想准备，然后商定谈话的时间、地点、方式，取得对方认可，并对对方的合作表示谢意。

2. 热情迎候，设置平等气氛

要热情迎候谈话学生的到来，在门前热情迎接，不能在屋里站着不动或在门口谈话，这是对学生的不尊重、不礼貌。与学生谈话时，座位安排及距离要适当，要让学生坐在与自己平等的位置上。如果自己高高在上，或坐在办公桌后，会造成学生的思想压力及心理失衡。

3. 举止端正，行为有度

谈话语气平和，目光注视对方，对学生表达赞成应点头示意。与犯错误的学生谈话时，对方如果不接受谈话内容，甚至要态度，教师要有耐心，摆事实，讲道理，不提高音量，不反唇相讥，表现出良好的道德修养。

4. 分清场合，人情人理

教师的表情要与谈话对象、内容协调一致。慰问、安抚类谈话，既要深沉、严肃地与学生分担痛苦，又要坚定自信，给人以力量和鼓舞；反映问题类谈话，既要细心倾听，全面了解，不厌其烦，又要把握政策，以理服人，苦口婆心；工作类谈话，既要简单明了，讲求效率，抓住实质，又要态度和蔼，有涵养，不失风度；说明问题、批评类谈话，要先消除对方的畏惧心理，缩小双方的感情差距，然后提出中肯的批评，表情一般要严肃、认真。教师与学生进行谈话时：忌谈话中言过其实，故意夸大或缩小；忌对学生拉长语调，放慢语速，压低音量；忌传播不利于团结或道听途说的事情；忌批评时事实不清，不分场合。

三、举止

一个人的气质、涵养往往从他的姿态中就能表现出来。作为塑造人类灵魂工程师的教师，更要注意自己在各种场合的行为举止，做到大方、得体、自然、不虚假。

（一）讲台上的举止

1. 目光

眼睛是心灵的窗户，它可以反映出一个人心中的一切波澜。在讲台上，教师要善于应用目光表达自己的思想。讲课时，目光要柔和、亲切、有神，给人以平和、易接近、有主见之感。不能死盯住某个学生，这样不仅不礼貌，还显得咄咄逼人或神智呆钝；忌无节制地东张西望，这样又给人以心不在焉、应付差事之感。合理运用目光的要领是：把目光放虚一点，不要聚集于某人，而是将目光罩住全场。还要注意，当教师讲话出现失误被学生打断，或学生中出现突发事情打断讲课时，不能投以鄙夷的目光，这样做有损于教师在学生心目中的形象，反映出自身的心胸狭隘与无礼。在讲台上，教师忌讳的目光有：对学生不能运用斜视、瞥视、瞪视、眯视等傲慢目光，也不能目光游移不定，看天花板或讲台，表现出惊恐不安、心神不定、害怕见人的神情。

2. 坐姿

应提倡教师站着讲课，但在一些讲座课或教师年龄较大的情况下，也可以坐着讲。此时应注意，坐姿要端正，身体要坐在椅子中间，上身与椅背平行，两腿要并拢，间距不可过大。坐着讲课时，切忌斜身、后仰、前趴、侧坐在椅子上。用手抓握话筒、用稿掩面等是对学生的不尊重和不礼貌，也表现为一种病态，不符合教师的身份。

3. 站姿

一般来说，教师应站着讲课，这样更有利于身体语言的表达，强化教学效果，同时也是对学生的重视。站着讲课时，两脚脚跟落地，站稳站直，胸膛自然挺起，不要耸肩或过于昂着头。需要在讲台上走动时，步幅不宜过大、过急。女教师讲课时，最好不要穿高跟鞋，以免声音过响转移同学的注意力，一般穿平底软跟鞋较好。持稿讲课时，手稿高度与胸平行，不能掩面或过低，也不能紧靠眼前晃动讲稿。

4. 手势

老师讲课时，无论站姿还是坐姿，一般都需要配以适度的手势来强化讲课效果。手势要得体、自然、恰如其分，要随着相关内容进行。讲课时忌讳用手指点人、敲击讲台或做其他过分动作，忌故弄玄虚，哗众取宠。

5. 板书

整洁清楚的板书应根据所授的内容进行概括，事先有所设计，这也反映出教师对教学的态度和对课程的重视以及对学生的尊重。写作板书时要求书写公正、整齐，切忌写错别字和不规范的字。板书不能过于潦草、零乱，而应条目清楚，突出讲课重点内容，整体设计要规范、醒目、美观，给学生留下清晰的印象，便于学生记录和复习。

（二）课后的行为举止

教师在课后常常在家访、集会和组织参观浏览时和学生交往。在这些场合里，一方面要放下在讲台上严肃、庄严的架子，和家长、学生亲切随和地交谈或听取学生的意见，使学生或家长不感到拘束，这时的举止应随意，言谈要幽默、风趣，努力拉近与学生的距离，切忌板着面孔，故作正经，引起学生的反感。另一方面也不可过于随便，如和学生拉拉扯扯、称兄道弟，这样容易失去老师应有的尊严，给课堂教学和进行思想教育工作带来不利影响。

班主任工作有哪些?

一、班主任的职责与任务

教育部在2009年8月12日颁布的《中小学班主任工作规定》中规定的班主任的职责与任务有如下几点:

1. 全面了解班级内每一个学生,深入分析学生思想、心理、学习、生活状况。关心爱护全体学生,平等对待每一个学生,尊重学生人格。采取多种方式与学生沟通,有针对性地进行思想道德教育,促进学生德智体美全面发展。

2. 认真做好班级的日常管理工作,维护班级良好秩序,培养学生的规则意识、责任意识和集体荣誉感,营造民主和谐、团结互助、健康向上的集体氛围。指导班委会和团队工作。

3. 组织、指导开展班会、团队会(日)、文体娱乐、社会实践、春(秋)游等形式多样的班级活动,注重调动学生的积极性和主动性,并做好安全防护工作。

4. 组织做好学生的综合素质评价工作,指导学生认真记载成长记录,实事求是地评定学生操行,向学校提出奖惩建议。

5. 经常与任课教师和其他教职员工沟通,主动与学生家长、学生所在社区联系,努力形成教育合力。

二、班主任的日常工作

1. 每天早上检查学生出勤情况,如有缺席,及时与家长取得联系或进行家庭访问,搞清原因,同时检查学生着装仪表情况是否符合学校要求,及时进行教育。

2. 督促学生认真参加广播操和升旗仪式。

3. 检查班级清洁卫生情况,了解值日生工作。

4. 观察班级公物保管状况,发现损坏及时调查和处理。

5. 检查科代表收交作业情况,对没交作业的学生及时采取相应措施。

6. 每天观察班级出席和上课情况,掌握班级学风的进展和变化。

7. 检查学生眼保健操以及学生课间的文明状况。

8. 注意和处理好班级偶发事件。

9. 随时发现班级中的先进事迹或不良现象,及时进行表扬或批评教育。

10. 关心学生用餐情况,督促学生遵守用餐规定,注意保持环境整洁。

11. 离开教室时,检查班级卫生情况以及水、电、门、窗等“四关”工作。

三、 班主任的常规工作

1. 学期初,制订工作计划,确定工作的重点,安排好各项工作;学期末,写好工作总结或经验介绍。

2. 了解掌握班级学生的家庭情况,必要时要进行家访。

3. 排好座位,安排好每天的值日生。

4. 搞好班级干部选拔、培养和培训工作,积极尝试实施班级学生自我管理模式。

5. 抓好学生日常行为规范养成教育,培养学生良好行为习惯。积极配合有关教师开展好课内外体育活动。

6. 上好主题班会课,写好学期和每一节的计划和总结。

7. 根据学校要求,配合每阶段中心工作,出好每一期的黑板报。

8. 积极配合大队部、团委,开展多方面活动,积极组织本班学生参与学校举办的各项活动。

9. 经常与家长保持联系,作好家长工作,并认真做好记录。通过家庭访问、书面联系、家长座谈会等,使家长对子女的教育与学校的要求协调一致。对家长不适当的教育,提出意见和建议。

10. 抓好后进生转化工作,不让任何一个同学掉队;善于发现后进生的每一点进步并及时表扬,帮助其树立信心。

11. 准时参加每次的班主任会议及班主任培训活动。

12. 协调班内各任课教师之间的关系，互通情况，统一要求，改进教学方法，制订课堂常规，建立批评表扬和学生学习手册等制度，共同促进学生提高学习成绩，掌握学习方法。

13. 组织学生参加公益劳动。培养学生正确的劳动观点、劳动态度、劳动习惯和为人民服务的精神。关心学生的健康和安全。

14. 学期结束时，要写好学生评语。

教师如何加强语言修养?

一、教师语言应具备的特点

(一)规范性

语言符合语法、逻辑;语句完整,条理清楚;普通话流利标准。国家教委 1993 年 3 月颁布的《师范院校"教师口语"课程标准(试行)》明确规定"普通话是教师的职业语言",是教师的"职业基本技能"。课堂中的教学语言不仅要准确地传达信息、传授知识,而且也对学生起着语言示范的作用。教师能够用普通话清晰明确地表情达意,将课本知识用语言表达出来,对学生来说就更容易接受。如果具有一定的普通话水平,教师就可以在课堂上进行课文的范读、领读,课堂氛围也会随之活跃,课堂质量也就大为提高。如果教师的语言语意含糊,表达不清,满口方言土语,就会影响学生对知识的理解,从而影响到课堂教学的效果,也无法对学生进行良好的语感训练。

语言的规范性,主要体现在如下几个方面:

1. 教师必须使用普通话授课

推广普通话是国家的一项重要的语言政策,教师应是这项政策最佳的执行者和传播者。

2. 要去掉口头禅

口头禅会使一句完整的话变得支离破碎,甚至会影响学生的注意力。

3. 减少方言成分

方言会给课堂带来负面影响,使普通话的表现力受到影响,教师语言的说明作用有所减弱,有时还会引起误会,使课堂造成意外的骚动,进而影响教学效果。

4. 提高语言素质

在用词、造句、语音、语调上力求规范,教师的语言应通畅,无句法、用词的错误,并且符合语言美的要求，使学生乐于仿效。

（二）准确性

准确就是要观点明确，语意清晰，发音标准，遣词得当，造句符合文法，推理合乎逻辑，用词具有专业性和学术性。准确是课堂教学语言的基石和生命。

准确是指内容的科学性、知识的确凿性、说理的实在性。传授知识必须善于选择最能表现事物本质特征的语言，必须善于用分寸适度的语句对事物做出合乎逻辑的判断。准确的教学语言，能使教师授课更具凝聚力，在教学过程中充分吸引学生的注意力，激发学生的思维，更好地组织教学。

语言准确还应体现在精练上。所谓精练，是指语言言简意赅，论述简明扼要、提纲挈领；分析鞭辟入里，丝丝入扣；描绘画龙点睛，入木三分；见解独到深刻，令人耳目一新。

教师的教学语言虽属日常口语，但又不同于大白话，应该是经过加工提炼的口头语言，与随想随说的日常交谈有区别。教学用语既要有经过人民群众锤炼的活泼的口语，又要有优美严密的书面语言，讲课时能让学生置身于优美的文化氛围、浓郁的语言环境中，并从中受到教育与感染。

（三）激励性

语言作为一种感人的力量，它的真正的美离不开言辞的热情、诚恳和富于激励性。因此，教师一定要努力把灵感和思想贯彻到自己的话语中去，使之情动于中而言溢于表，从而打动学生的心，使学生产生强烈的共鸣，受到强烈的感染。教师语言的感情色彩来源于教师科学的世界观、人生观，来源于教师对教育事业的无限热爱，对文化科学知识的强烈渴求以及对学生的赤诚之爱。

学生是有思想、有感情的人。好胜、自尊、虚荣相互交织，是学生显著的心理特征。尤其到了中学阶段，他们虽然没有成人那样成熟，却希望别人把他们当作成年人一样平等对待，自尊心极强，也极敏感。教师应针对这一特点，多鼓励少批评，即使批评，也要体现激励性，尽可能调动他们的积极思维，激发其上进的情感；要晓之以理，动之以情，让学生学会自我调整、自尊与自爱。

（四）启发性

“子曰：不愤不启，不悱不发，举一隅不以三隅反，则不复也。”朱熹对此解释说：“愤者，心求通而未得之意；悱者，口欲言而未能之貌。启，谓开其意；发，谓达其辞。”

后来,人们概括孔子的教学思想,也吸取朱熹的注释,就合称为“启发”或“启发式”。“启发”一词的原意是“教导学生”,即不到他想求明白而不得的时候不去开导他,不到他想说出来却说不出来的时候不去启发他。

启发性的语言在教学的过程中可指点迷津,起到使学生茅塞顿开、豁然开朗的作用;可引导学生不断步入新的求知境界,以此培养学生的创造性思维,克服“满堂灌”的弊病,形成起伏不断的高潮;可让学生由“听而得之”变为“思而得之”,使学生由被动学习变为主动学习,大大提高课堂的教学效果。

一个形象的比喻、一个有力的反问、一个巧妙的设问都是启发性语言的具体形式。注重启发性,就要尽量少用告知性的教学语言。告知性的教学语言是指教师不重问题分析过程,而直接将结论告知学生,让结论性的语言充斥课堂。告知性的语言排斥师生对探索过程的共享,堵塞学生思路,不利于学生思维的训练,也不易于感染学生,达不到培养学生学习能力的目的。注重启发性,就是要充分调动学生的积极思维,激发学生的各种分析能力协同活动。对问题的提问和解答,往往不是一问一答,而是提供一些思考问题的线索,让学生自己动脑去探讨多种解答问题的途径与方法。

教学语言的启发性,要求教师的语言要有直观性、感染力和感情色彩,以创设“愤”“悱”情境,启迪学生思维。同时,教学语言还要注意含蓄,含而不露,耐人寻味。教师往往不讲本意,而用委婉的话来烘托和暗示,让学生思而得之。讲话还不能把话说尽、讲绝,这样就会失去启发的作用。要能够透过有限展现无限,启发学生思考,让学生运用自己的知识、经验和想象力,去丰富和补充教师所讲,以“不全”引出“全”的结果。

（五）教育性

教师的职责是教书育人,传道与授业二者是相辅相成、同时进行的。教师在向学生传播知识的同时,也要将一定的思想、道德、情感融会其中,把思想教育渗透在知识教育之中。教师要善于使用富有教育性的语言,使自己的语言富有情绪上的感染力。一个口才好的教师和学生交谈时能够循循善诱,从而使学生端正思想认识,明确学习目的,激发进取的热情。相反,如果教师缺乏良好的语言修养,不但不能解决学生的思想问题,反而会愈说愈乱,让学生产生逆反心理,难以取得好的教育效果。

从目前来看,教师在课堂中使用的语言主要有两种:一种是知识传授性的,一种是教学组织性的。这两种课堂语言实际上是传统教学中“教师中心”和“知识中心”的反映。新课程呼唤教师语言应更具教育意义。“为了每一个学生的发展”,教师的语言仅仅规范、科学是不够的,仅仅不讽刺、侮辱学生也是不够的,更重要的是教师的语言应该尊重学生,唤醒学生,激励学生,让每一句话都对学生的发展产生积极的“教育”影响。

(六)生动性

生动的语言可以使事物逼真地再现,使人物形神毕肖,使景物真切动人。因此,语言在教学中的作用也是多方面的:它能够创造气氛,让学生身临其境;突出重点,可使中心明确;同化难点,可化难为易;引发学生的学习兴趣,调剂课堂教学的气氛,默契交流,寓教于乐……

幽默是语言生动的一种体现,是指用诙谐的语言、形象化的手法,暗示自己的思想,启发人们思考,产生韵味深长的美感趣味;是一种较高的言语境界。教师的语言幽默,可使讲课的内容易被学生理解、接受;可以激活课堂气氛,调节学生情绪;可以提高批评的效果,让课堂违纪的同学心悦诚服;可以开启学生的智慧,提高思维的质量。

教学语言的生动和形象是连体婴儿。生动,要求教师表达时富有情趣,善于使用一些成语、典故、比喻,穿插一些风趣机敏的话,以增添语言的感染力和情感色彩;形象,要求教师表达时善于形容、比拟,绘声绘色,充分发挥语言的直观性和形象感以唤起学生的表象,使学生容易理解学习的内容。生动形象的语言,是最令人深思、最能开启学生的智慧之门的语言,教师如能在课堂教学中恰当应用,就能使教学充满魅力,富有启发性;就能启迪学生的思路,加深其对知识的理解和巩固;就能唤起学生的求知欲,激发他们动脑去思考,动眼去观察,动口去表述,动手去操作,并从中获得知识。

(七)情感性

情感性即语言要有真情实感,要力争做到“四分含情,六分叙理”。无论是讲课、讲演,还是谈话、谈心,教师语言要想感动人,必须要有情,“情不深,则无以惊心动魄”。

当你感觉学生对你讲的话不感兴趣,似听非听,或者听而不信、无动于衷的时候,要想打动学生的心,取得学生的信任,就应当用充满真情实感的语言和学生交谈,和学生交心,使学生感受到你是真情实意,是在对他讲真话。这样的语言才有力量,才能打动学生，赢得学生的心。

学生是有头脑、有情感的。教师是讲真话还是讲假话，是讲实话还是讲虚话，是用心讲授还是敷衍一通，是真情实感还是虚情假意，学生必定能有所鉴别并且做出不同的反应，使教师所讲的话产生不同的效果。

作为教书育人的教师的语言，除应具备上述的共通性的特点外，还有资料调查研究表明，“学生大多喜欢老师讲课语言清晰、准确、生动、幽默”，这其实也是对教师语言的共性要求。但语言是丰富多彩，又极富个性化的东西。教师的语言终归要因教育对象、场合，及教育内容和形式的不同而呈现出千姿百态的特性，故而不能，也无法一一列举出具有个性化的语言属性。

二、教师语言修养

教师语言修养指的是教师在教育教学活动中准确规范地运用普通话来表达思想情感、观点见解等需要具备的基本素养。教师语言修养包括思想修养、文化修养、技能修养、体态语言修养等。

（一）思想修养

语言是思想的直接表现形式，语言修养的程度取决于思想的修养，“言为心声”即为此理。很难想象，一个根本不热爱教育工作的人会讲出热情洋溢的话语来；很难想象，一个没有民族责任感和时代紧迫感，思想境界平庸的人，会说出催人奋起、激人上进的精妙语言。

没有好的思想，发言技巧越好，修辞水平越高，就越能造成恶劣影响。那些被学生背地称为“巫婆”“瘟神”“狱吏”的老师，恐怕更多的不是缺乏语言技巧，而是缺乏一种好的思想和一颗爱学生的心。因此，教师要提高自己的语言修养，先得提高自己的思想修养；教师要锤炼语言，应先锤炼思想；要使语言闪光，引人入胜，先得使自己的思想迸发火花。

（二）文化修养

一个人的语言能力和他的文化素养、文化水平有着密切的关系。要提高语言表达能力，就必须要多看书读报，博闻强识，从书面语言中吸取营养。很难想象，一个阅读面窄、词汇贫乏的人会有很强的语言能力。教师只有大量地阅读，广泛地积累，才能养成敏锐的语感，提高自己的口语表达能力。

足够的知识储备首先要求教师的知识要“专精”，即要深入钻研和掌握本学科的相关知识；其次要“广博”，古今中外、文理史哲经都要有所涉猎；另外还要掌握教育学、心理学等知识。

语言与它所承载的知识、信息、思想、情感是密不可分的，教师的知识素养越高，对于语言的思想内涵和文化底蕴把握得就越精细，教学效果也就越好。

（三）口语技能修养

教师的口语技能主要指发音技能。口语表达中的语音是活动的、有声的、立体的。口语中语音传情达意的手段是极其丰富的，语音的轻重、语速的快慢、语调的升降、节奏的处理及态势配合等变化都是传递信息的有效手段。同样一句话，运用不同的音量和语速、不同的重音和停顿、不同的语调和口气说出，会表现出不同的含义，产生不同的效果。

1. 语音标准，吐字清晰

语音标准是教师语言的基本要求。如果教师发音不准，吐字不清，就会妨碍信息的正常传递，影响教学效果。要做到口齿清楚，首先要努力掌握普通话语音基本理论知识，随时注意正音，尽力克服方言语音干扰。其次，要纠正不良的发音习惯。有的教师发音时，发音器官的运动不到位，语音力度弱，造成语音含混不清；有的教师爱拖音，造成音节之间界限不清，甚至发生拼合现象；也有的教师鼻音特别重，说起话来让人听不清楚。

教师语言的优美还表现在音质的好坏上。好的音质，圆润清亮，结实饱满，让人听了爽心悦耳，有利于增强语言的感染力，激发学生的学习兴趣，营造良好的课堂氛围，从而提高教学效果；差的音质，粗糙沙哑，干涩低暗，使人听了刺耳烦心，就会影响课堂情绪，自然也会影响教学效果。音质的好坏有先天的因素的影响，但不是由先天决定的。只要掌握正确的方法，进行科学的训练，就可以使音质得到改善。

2. 音量适度，语速恰当

教师在课堂上的讲话，应当把音量控制在适当的程度，使坐在每一个位置上的学生，都毫不费力地听清楚教师所讲的每一句话。音量过大，说话声嘶力竭，容易使学生产生听觉疲劳；音量过小，说话细声细气，学生会听不清老师讲的话，无法顺利地获得老师发出的全部信息。音量过大或过小都会影响教学效果。要做到音量适度，教师必须养成敏锐的“空间感”和“距离感”，要有自觉的音控意识，能根据学生的多少、教室的大小以及教学内容和课堂气氛等各种客观因素，科学、合理地调节自己的音量。

教师讲话还需有一个合理的速度，上课时，话说得太快或太慢都会影响教学效果。说得太快，信息发送频率过高，学生的大脑无法及时准确地进行处理和吸收；说得太慢，信息发送频率过低，学生大脑处理信息处于等待状态，会使学生兴趣转移，降低听课兴致。当然，教师的语速还受表达内容的制约。

3. 语调丰富，语气生动

善于运用各种不同的语调来表情达意，是教师口语表达能力的重要体现。教师在口语表达中的语调运用，必须富有准确性和丰富性。准确性是指语调的平升曲降与所要表达的意思一致，若用错了语调，学生就会不明白教师的意思。运用语调还应丰富多样，富于变化，要善于把不同语调的句子交错使用，和谐配置，避免语调呆板平淡，这样才能使语言抑扬顿挫，起伏有致，富有韵律美。

语气生动，是教师口语表达追求的目标。不同的语气类别必须为不同的内容和情境服务。教师必须善于根据特定的言语内容、言语对象、言语场合与言语目的，使用不同的语气，恰如其分地表达自己的情感态度，只有这样才能取得好的表达效果。

（四）体态语言修养

在课堂教学中，除了有声语言外，还有一种无声的语言，这就是体态语言。体态语言是教师在组织教学的过程中，向学生传递信息时所用的非言语性信息符号。

学生全神贯注地听课，除耳听以外，还有视觉的感知。倘若老师站在那里讲课总是毕恭毕敬，毫无动作的配合，就好像听广播讲座一样，怎能使学生的兴趣持久？因而，在运用教学语言的同时，要辅之以必要的动作、姿势和眼神，如用教鞭当作直尺，用粉笔盒当被研究的物体，两手水平伸出当天平；学生答对时，点头微笑，伸出大拇指等等。这样不仅能够增强语言的表达效果，还能起到调节课堂气氛的作用，帮助学生更好地理解教材的内容和含意。教师虽不是演员，但为了使教学语言运用协调，也应注意动作美的锤炼。

行为科学告诉我们，几乎一切的无声语言都可以用来作为人际间沟通的手段。教学实践证明，教师适时适地地运用体态语言，变平面为立体，能够帮助学生更好地揣摩人物的心理活动和文章的思想感情；能让学生如临其境，如见其人。美国心理学家布鲁克斯曾说：“体态语言对于教师帮助学生保持长时注意以便于完成教学任务而言，不失为一种强有力的措施。”

体态语言主要包括动作、表情、服饰等几个方面。

1. 动作

教师在教学过程中，或为剖析教材中某一人物形象，或为诠释某一方面的道理，情之所至，理宜昭然，就会做出一些直观的形象化的动作或姿态。这些动作和姿态能够化抽象为具体。随着教师动作的完成，学生便能领悟到其中的奥妙。

2. 表情

表情包括面部表情、言语表情、姿态表情，这些表情相互配合，起着信息交流的作用，成为一种特殊的言语形式。马卡连柯说：“做教师就不能没有表情，不善于表情的人，就不能做教师。”教师的表情既要保持亲切自然的常态，又要具有善变性。

按照心理学的观点，教师丰富情感的外化——表情，有机地与教学的枯燥单调的文化知识相互交融，最容易被学生接受。伴随丰富情感的课堂教学最活跃，最生动，最形象，最直观，最引人，最使人产生想象，最能启迪人的心智，最能使人产生共鸣。

人类的表情并不都是遗传的，而是受社会文化的影响，主要是后天习得的；不仅具有生物适应的价值，而且成为社会交往的重要手段。体态语言与教师工作的关系极其密切，教师在课堂上的一切表现，如招手、扬眉、微笑、声响、目光的迎送、身体的俯仰等等，都在向学生传递着自己的情感，成为影响学生的信息，伴随着所讲授的文化知识成为感染、触动学生情感意识和思维活动的综合性的艺术形式。

3. 服饰

教师的服饰也直接影响到课堂教学效果，庄重、整洁、得体的服饰体现了人民教师的风范，给学生以正规向上的感染，也可以增强课堂的学习氛围。

上述所言，只是教师语言修养的基本要求。此外，受人的个性、教育环境等因素影响，对语言的修养还有不尽相同的要求，我们每一位教师都要根据自己的实际情况来进行“取长补短”式的“修养”。

当一名好教师，“三分靠内才，七分靠口才”。教师的职责是“传道、授业、解惑”，在这些工作中，哪一项都不能离开语言。因此，教师应提高思想水平，强化业务能力，探讨语言问题，广泛涉猎掌握多方面的语言知识，在教学中注意语言的运用，做到“形”“神”兼备，运用自如，以获得良好的教学效果。

教师需要哪些艺术修养?

上网搜寻、翻看各种辞书来查找“艺术修养”的概念，几乎千篇一律“是指艺术家的……”“是指作家、艺术家的……”等等。好像是说，只有艺术家、作家等可以称为“家”者，才有“艺术修养”，其他人都无此“修养”。现实果真如此吗？非也。堪称艺术家者，一定需要有艺术细胞，即艺术修养，否则不能成“家”，这是谁都应该承认的现实。但没成“家”者，不一定就没有艺术细胞，即艺术修养，而且事实上有艺术修养却没成“家”者还是绝大多数。

强化教师的艺术修养，不是要使其成“家”，而是要适应现代化的教育教学实际，为实施素质教育奠定基础。

现代教育强调寓教于乐，在活动中学习；强调学以致用，理论密切联系实际；强调教师要是全才、杂家，学生要全面发展。学校搞吹、拉、弹、拉、唱，搞戏剧、小品、舞蹈、美术、书法、演讲、朗诵、辩论等具有艺术性的活动，教师，尤其是班主任要组织学生积极参加，学生的艺术功底和水平参差不齐，学校不可能都请艺术家来指导，也没有那么多专业教师来指导，倘若这时，班主任或科任教师能给予一定的指点，就可能达到“禾苗久旱逢甘雨”的作用，尤其是对那些天赋条件比较好的学生更是起到了启蒙的作用，如果再对他们进行进一步培养的话，还可能引领其走上专业道路，甚至最终成“家”。

我们这里所说的教师的“艺术修养”，是特指教师的艺术知识和技能的学习状况和水平，是教师对艺术作品的审美感受力和理论洞察力的敏感和深刻的程度。这种教师“艺术修养”是对艺术史、艺术理论、艺术作品的形式因素、艺术技巧有一定程度的了解，对艺术形象、艺术境界有一定程度的感受能力及在此基础上的理论分析能力。并不是指艺术家、艺术工作者等在艺术实践中形成的相对稳定的艺术风貌、特色、作风、格调和气派的“艺术修养”，也不是指艺术家、艺术工作者等赖以生存的基础条件的“艺术修养”。

教师要具有艺术修养。排除专业教师，对于一般教师而言，不求各种艺术门类样样精通——事实也不可能，但求样样知晓一些。音乐、美术、舞蹈、表演、朗诵、演讲、书法、辩论等都是人生必备的基本素质，也都是中小学校经常搞的活动项目。在倡导实施素质教育的今天，作为教书育人的教师有责任、有义务帮助学生全面提高综合素质，为此，教师需要博学多才，具有艺术修养。教师需具有哪些艺术修养？试举例如下。

一、音乐

（一）了解音乐的特征及分类

1. 特征

音乐是对声音、听觉、情感、时间的艺术。

2. 分类

声乐——歌曲、说唱音乐、戏曲音乐、歌剧等不同体裁；器乐——独奏曲、重奏曲和合奏曲。

（二）了解音乐的基本要素

音乐的基本要素是指构成音乐的各种元素，包括音的高低、音的长短、音的强弱和音色。这些基本要素相互结合，形成音乐的常用的“形式要素”，例如：节奏、曲调、和声以及力度、速度、调式、曲式、织体、音色等。构成音乐家的形式要素，就是音乐的表现手段。音乐的最基本要素是节奏和旋律。

（三）掌握记谱方法

即掌握五线谱和简谱的识记方法。

（四）掌握一些简单的歌唱常识及练习方法

吸气、呼气的方法；训练横膈膜力量的方法——数数字、吹灰、仰卧起坐等；颤音、气声、哭腔、挑音、噎音、高音训练等。

（五）最好会弹奏一两种常见乐器

二、美术

（一）了解美术的概念、主流分类和分支

1. 概念

在艺术分类中，美术又称造型艺术、视觉艺术、空间艺术、静态艺术。它是指艺术

家运用一定的物质材料，如颜色、纸张、画布、泥土、石头、木料、金属等，塑造可视的平面或立体的视觉形象，以反映自然和社会生活，表达艺术家的思想观念和感情的一种艺术活动。

2. 主流分类

主要包括绘画、雕塑、工艺、建筑、书法、篆刻、设计、新媒体和摄影等类型。

3. 分支

包括中国画、油画、版画、雕塑、抽象国画、内画、手绘、指画、工艺美术、书法、素描、水粉画、美术字、壁画、漫画、写生、速写、白描等。

（二）了解名词术语

如造型、黄金分割、二度空间、三度空间、质感、量感、空间感、体积感、透视、明暗、轮廓、构图、色相、色度、色调、色性、笔触等。

（三）学会几种简单的创作

如简笔画、素描和书法等。

三、舞蹈

（一）掌握舞蹈的概念及特性

1. 舞蹈

舞蹈是于三度空间中以身体为语言作“心智交流”现象的人体的运动表达艺术，一般有音乐伴奏，以有节奏的动作为主要表现手段。

2. 特性

包括艺术的特性和舞蹈的特性。

（二）了解舞蹈的种类

1. 生活舞蹈

包括习俗舞蹈、宗教祭祀舞蹈、社交舞蹈、自娱舞蹈、体育舞蹈、教育舞蹈等。

2. 艺术舞蹈

一是根据不同风格特点来区分的古典舞蹈、民间舞蹈、现代舞蹈、当代舞蹈和芭蕾舞；二是根据表现形式的特点来区分的独舞、双人舞、三人舞、群舞、组舞、歌舞、歌舞剧、舞剧等。

（三）掌握初学者柔韧度训练的基本方法和注意事项

1. 提高身体柔韧度的基本方法

压腿——正压、侧压、后压，劈叉——横劈腿和竖劈腿等。

2. 柔韧度练习注意事项

柔韧素质发展的程度，以完成各项技术要求为基本要求，不必达到最大程度；处理好柔韧素质和力量素质的关系；协调好拉伸力量的强度、重复次数、练习时间等相关因素的关系，切忌用力过猛；多运用主动柔韧性训练方式，少使用被动柔韧性训练方式，减少孩子在柔韧性训练中的疼痛感；要长时间、有规律地提高柔韧性；注意柔韧性与温度、时间以及疲劳的关系。

四、朗诵

（一）掌握口诀

确定材料、基调和语速，把握发声、停顿、重音和节奏。

（二）了解口诀的含义

1. 定材料

2. 定基调

感情基调和语调（句调），是指语句的高低升降，其中以句子结尾几个字的升降变化最为重要。句调根据表示的语气和感情态度的不同，可分为如下四种：

（1）升调（↑）。前低后高，语势上升。一般在疑问句、反诘句、短促的命令句，或者是表示愤怒、紧张、警告、号召的句子里使用。

（2）降调（↓）。前高后低，语势渐降。一般用在感叹句、祈使句或表示坚决、自信、赞扬、祝愿、沉痛、悲愤等感情的句子里。

（3）平调（→）。语势平稳舒缓，没有明显的升降变化，用于不带特殊感情的陈述和说明，还可表示庄严、悲痛、冷淡等感情。

（4）曲调（↗↘或↘↗）。全句语调弯曲，或先升后降，或先降后升，往往把句中需要突出的词语拖长着念，这种句调常用来表示讽刺、讥笑、厌恶、反语、夸张、强调、双关、特别惊异、意在言外等特殊的感情或语气。

朗诵中的语调是一个涉及面广泛的较为复杂的问题，不能以一概全，除了以上四种语调外，还有笑语、颤音、泣诉、重音轻读等技巧也需掌握。

3. 定语速

语速是指说话或朗诵时每个音节的长短及音节之间连接的紧松程度。决定语速的因素很多，一般有：

(1) 不同的场面。急剧变化发展的场面宜用快读，平静、严肃的场面宜用慢读。

(2) 不同的心情。紧张、焦急、慌乱、热烈、欢畅的心情宜用快读，沉重、悲痛、缅怀、悼念、失望的心情宜用慢读。

(3) 不同的谈话方式。辩论、争吵、急呼宜用快读，闲谈、絮语宜用慢读。

(4) 不同的叙述方式。抨击、斥责、控诉、雄辩、抒情宜用快读，记叙、说明、追忆宜用中速朗读或慢读。

(5) 不同的人物性格。年轻、机警、泼辣的人物的言语、动作宜用快读，年老、稳重、迟钝的人物的言语、动作宜用慢读。

4. 掌握简单的发声技巧

(1) 气入丹田。先慢慢地深深吸一口气，记得用腹式呼吸，用手放在腰的两侧，要感觉腹部在涨大，这就是气入丹田。

(2) 选择几个字或几个拼音字母来做声音气息训练。如用汉字“我”、字母“a”做气息下沉到丹田的训练。

(3) 掌握同一句话在不同的距离、场景、情景下以及不同人物、情感等音色和音量的转变方式。

此外还有胸腔共鸣，低、中、高音，音高、音色跳跃等练习。

5. 掌握停顿的技巧

(1) 生理停顿。生理停顿即朗诵者根据气息需要，在不影响语义完整的地方作一次短暂的停歇。

(2) 标点符号停顿。句号、问号、感叹号、省略号停顿略长于分号、破折号、连接号，分号、破折号、连接号的停顿时间又长于逗号、冒号，逗号、冒号的停顿时间又长于顿号、间隔号。另外，在作品上的段落之间停顿的时间要比一般的句号时间长些。以上停顿也不是绝对的，有时为表达感情的需要，在没有标点的地方也可以停顿，在有标点的地方也可以不停顿。

(3) 语法停顿。语法停顿是句子中间的自然停顿。它往往是为了强调、突出句子中主语、谓语、宾语、定语、状语或补语而做的短暂停顿。学习语法有助于我们在朗读中正确地停顿断句,不读破句,正确地理解和表达作品的思想内容。

(4) 感情停顿。感情停顿不受书面标点和句子语法关系的制约,完全是根据感情或心理的需要而作的停顿处理,它受感情支配,根据感情的需要决定停与不停。它的特点是声断而情不断,也就是声断情连。

6. 把握重音

(1) 语法重音。语法重音是按语言习惯自然重读的音节。常见的规律是:一般短句子里的谓语部分常重读;动词或形容词前的状语常重读;动词后面,由形容词、动词及部分词组充当的补语常重读;名词前的定语常重读;有些代词也常重读。

如果一句话里成分较多,重读也就不止一处,往往优先重读定语、状语、补语等连带成分。值得注意的是,语法重音的强度并不十分强,只是同语句的其他部分相比较,读得比较重一些罢了。

(2) 强调重音。强调重音是为了突出表达某种思想感情而把语句中的某些词语加以强调的音,又叫"逻辑重音"。强调重音没有固定的位置,它是根据表意的内容和需要来确定的。

强调重音一般是为了突出话语重点,表明语意内容;表示对比、并列、照应和递进等关系;表达某种强烈感情。

(3) 感情重音。感情重音可以使朗读的作品色彩丰富,充满生气,有较强的感染力。感情重音大部分出现在表现内心节奏强烈、情绪激动的情况。

7. 控制节奏

节奏是指朗读过程中由声音抑扬顿挫、轻重缓急而形成的回环往复的形式。掌握节奏的基本要领是:句首不同起,句尾不同落,句腰不同峰,即要读出变化,读出特色。常见的节奏类型有:

(1) 轻快型。这种节奏语速较快,多扬少抑,多轻少重,声轻不着力,词语密度大,有时有跳跃感,多用来描绘欢快、诙谐的情感。

(2) 沉稳型。这种节奏语势沉缓,多抑少扬,多重少轻,音强而着力,词语密度疏,常用来表现庄重、肃穆的气氛和悲痛、抑郁的情感。

(3) 舒缓型。这种节奏语速较缓,语势较平稳,声音轻柔而不着力,常常用来描绘幽静的场面和美丽的景色,也可以表现舒展的情怀。

(4) 强疾型。这种节奏语速较快，多扬少抑，声音强劲而有力，常用来表现紧张急迫的情形和抒发激越的情怀。

朗读是一门复杂的语言艺术，方法也不仅仅是上述几种，还要注意：语音技巧，如声母发声、儿化音、平翘舌等问题；语言表达的技巧，如落停、扬停、直连、曲连等停连的方式；表情模仿的技巧，如笑和哭、酸甜苦辣等基本生活表情，激动、悲伤、郁闷等内在情绪表达；形体技巧，如上下台走姿、台上站姿、行礼和移动等；表演的技巧，如观察和模仿、动作与规定情境等。

五、演讲

（一）演讲准备

1. 写好演讲稿；2. 编好提纲；3. 做好精神准备。

（二）演讲技巧

1. 明确要点和要求

内容要有针对性、真实性，语言要有论辩性、鼓动性和艺术性，感情要朴实真诚，动作要自然得体，服饰要得体，仪表要端庄，风度要优雅。

2. 善用多种艺术

包括开场白的艺术、结尾的艺术、立论的艺术、举例的艺术、反驳的艺术、幽默的艺术、鼓动的艺术、语音的艺术、表情动作的艺术等等。通过运用各种演讲艺术，使演讲具备两种力量：逻辑的力量和艺术的力量。

3. 表达恰到好处

表达要有创意，能吸引人，要有自己的见解、自己的情感。

4. "双语"配合得体

"双语"是指有声语言和态势语言。有声语言包括语质、语调、语速等；态势语言即有形语言，包括衣着打扮、举手投足、眼神表现等。

演讲是由"演"和"讲"两方面构成的，"演"是态势语言，"讲"是有声语言。在重视"讲"的同时，也要重视"演"。

（三）要明确的问题

1. 演讲与诵读的区别

2. 演讲与发言的区别

3. 演讲与表演、报告的区别

六、辩论赛

（一）辩论赛常用模式

辩论赛常用模式是四对四的团体辩论赛。双方各有四位辩手，分工明确：一辩一般担负着破题竖旗的任务；二辩在内容上承接一辩，继续正面阐述己方观点；三辩要转换论证角度，从新的视角深化己方观点；四辩要求驳立结合。

辩论赛一般由主持人主持，流程通常是宣布辩论赛开始→宣布比赛规则→介绍评委→宣布辩题→介绍参赛代表队及所持立场→介绍参赛队员→辩论比赛→评委打分→观众参与提问→评委点评→宣布比赛结果→颁奖。

具体赛程一般分：陈词阶段——正反方一二三辩交替发言，各方累计时间一般在四五分钟左右；自由辩论阶段——正反双方互提问题给对方，或观众向正反方提问，各方累计时间一般在五六分钟左右；总结陈词阶段——由正反方四辩进行各自为时三四分钟左右的陈词。

（二）辩论赛准备

1. 审题

(1) 定准基调。辨析辩题的三种类型——价值型命题、事实型命题和政策型命题，辨析辩题的倾向和色彩。

(2) 探求辩论的焦点。明确辩题概念，分析辩题范围，逐步“聚焦”核心问题。

(3) 选准角度。打开思路，尽可能把问题想周全。

2. 立论

即确立自己一方的观点。立论可分为五个步骤：

(1) 界定概念。

(2) 解释辩题。

(3) 对论点进行分点阐述或分层推导。

(4) 例外说明。

(5) 价值提升。

除了准备本方的一套立论方案外，还要尽力预设完善对方的立论方案。

3. 材料收集

(1) 辩论是材料的较量。包括：事实材料——视听材料、例证统计数字等，理论材料——有关这个辩题的含义、影响、评价等。

(2) 精心加工辩论材料。研究分析，选择分类；加工提炼，精益求精；制作论据卡片。

4. 辩论稿的撰写

(1) 要求：围绕论点安排层次，根据内容编写大纲，撰写辩词论证是关键。

(2) 一辩稿的结构一般是：说明辩题的背景→界定概念，解释辩题→各个分论点(通常为两三点，尽量不要有交集，且要注重全面性)→例外说明与价值。

（三）辩论技巧

1. 攻击技巧

初次上场，每位辩手应准备20个左右的问题，准备提问的问题应涵盖现象、理论、价值层面等。其中事实层面的问题包括历史事件、现实事实、国别事实、数字事实等；理论层面的问题除了立场中的论据，也可以延伸到公理、哲学的层面。

(1) 攻击的组织和发问。组织要体现有序性和流变性，以争取场上的主动权。为此，场上应有"灵魂队员"，其任务是冷静把握自由辩论的局势，攻击务求有效，充当场上的指挥员，主动转移战场，化被动为主动并再次发起攻击。

发问有设置两难问题、主动引申、以矛攻盾、归谬发问、熟事新提、逼入死角、多方追问、夹击发问、问题同异、异题同问、反复逼问、辐射发问、同义反复、布陷发问等类型。

(2) 攻击的风格和节奏。攻击风格有情绪型、理智型、稳健型三种。自由辩论的风格当以稳健为上，从比赛的实践来看，稳健型风格的辩论队不仅易于取胜，且留给观众、评委的印象也比较深刻。攻击节奏应以张弛有度、疾徐有致为佳。

2. 防守技巧

有盯人、长项发挥、合围、夹击、指误、归谬、反问、幽默、短答、启导、揭弊、激怒、评价、闪避、反复、类比、陷阱、侧击、连环、名言、错接、引申等技巧。

七、表演

（一）课本剧

1. 编写剧本

(1) 剧本内容及舞台说明。剧本内容一般包括题目、人物、时间、地点、道具、背景、幕名、正文等。舞台说明一般包括对人物、时间、地点、布景的说明,对人物动作和表情的说明,对舞台美术、音乐和人物上下场的说明,对开幕和闭幕的说明等四个方面。

(2) 研究课文,确定思路。是选择小说,还是选择剧本,是选择整篇课文,还是课文的一个片段,不仅要考虑到选材内容的故事情节是否具有激烈的矛盾冲突,还要考虑到剧组成员的兴趣和特长;是完全忠实于原文,还是对原文内容进行改编,是编成独幕剧,还是多幕剧,这些也要根据学生的具体情况来决定,对于初学者,应以编写精短的独幕剧为宜。

(3) 构思情节,安排人物。当基本思路确定之后,需要设计哪些情节,安排哪些人物,小组成员要发挥集体智慧,展开想象,大胆构思。

(4) 提炼台词,设计动作。剧本编写必须根据剧中人物的个性特点,认真提炼每个演员的个性化台词,设计每个演员的个性化动作。

(5) 配置音乐,设计道具。编写剧本时,还要考虑每个情节需要配置什么样的音乐,演员需要什么样的头饰、服装和道具等。舞台布置及道具要从简,提倡制作有创意的、简单的道具。

2. 表演

(1) 排练。角色选择很重要,要力求各取所长、各尽所能。排练前,要组织剧组人员阅读剧本,了解剧情,口头复述角色台词,揣摩人物心理,再次审视、修改剧本;排练时,要注意各个角色的协调配合,场景转换的流畅连贯,并请有关人员观看指导;排练后,要组织剧组成员进行讨论,相互交流看法,共同完善剧本。

(2) 准备。表演前要做好充分的准备工作,如舞台的布置、道具的安排等。

(3) 表演。表演时,观看的同学要做好记录,为点评做好准备。

3. 评议

表演后,要组织学生开展评议活动:一是评编演,评论改编是否合理,表演是否到位，哪些是创新和成功之处，哪些是有待改进的地方；二是议课文，要结合课本剧的表演重新研读课文，深入挖掘文本的内涵。

（二）小品

1. 小品创作

剧本创作的一般结构可分为开端、发展、转折、高潮、结局等五个部分。写作的主要方法是起、承、转、合，起是开端，承是承载，转是悬念进入高潮时的扭转，合是结局。贴近生活，角度新颖，语言精练，感染力强，是小品创作的基本要求。

写好小品要做到：① 深入生活，体验生活，从生活中找灵感；② 题材宜小不宜大，要“大题小做”；③ 要有笑料和“包袱”；④ 主题鲜明，突出小品特点。

2. 小品表演

表演是行动的艺术。行动的链条是感觉——判断——行动。我们接受信息后是经过思考判断才去行动的。行动的三要素是做什么、怎么做和为什么做，这三个要素都受规定情境的制约。好的表演细腻，有大量精彩而又符合人物身份、性格特征的个性化的细节，而这些都需要从规定情境中去挖掘。只有规定的情境清楚、细致，演员才能表现出真实而又精彩的动作细节。

一个好的演员，需要信念、理解力、想象力和激情等四大素质。信念是最基础的素质，每一个初学表演者都要敢于当众大胆表演，完成人物的行动，敢于展现自己的激情。

真实感是表演的根本，表演讲究真听、真看、真感觉。表演者要使自己的表演真实，符合生活逻辑。

表演小品需要注意的问题有：

(1) 克服紧张心理。在小品表演中减少自我批判，增强游戏感；集中注意力，摆脱杂念。克服紧张心理的方法要在实践中不断摸索，不同的人需要不同的方法。

(2) 组织行动。学习表演就是要学习如何组织行动，行动来自对规定情境的细致分析，来自对自己所扮演的角色性格的分析。以角色的思维、逻辑对规定情境进行充分的感受，要有意识地锻炼自己按照行动的链条去行动，真听，真看，真感觉，在头脑里进行思索判断后，由意志交给肌体去执行动作。可以适当地拉长行动的链条进行训练。

(3) 注意力集中在对手身上。演小品经常是两个人或两个以上的人在搭戏，表演者不能一直想自己的调度和台词，要按对手的戏去行动。对手由于某些原因临时改戏是经常遇到的情况,要灵活应对,让观众看不出痕迹,甚至比以前效果更好才是合格的演员。

(4) 多练习,多上台。表演是实践的艺术,好多没有上过专业艺术院校的人,也能成为优秀的演员,这里固然有天赋的问题,但与大量的实践是分不开的。每个人的情况不同,只有具备大量的切身体验,才能说真正的学习了表演。

表演者要多参加正式的小品演出,在演出中,肌体与精神的紧张度和兴奋度会大大增强,往往一场正式演出得到的提高比十场排练还要大。

名师是打造出来的吗?

名师,就是有名的教师。何谓有名?就是名字为大家所熟悉。名字在多大范围内为大家所熟悉?是校内、区县内、市内,还是省内、全国内?名字为何被大家所熟悉?是上了一节或几节公开课,参加了几次活动获得了奖励,还是做了几场报告,写了几篇文章?倘若某一个方面的偶尔为之或几个方面的偶尔为之,那只能叫做“榜上有名”,似昙花一现;倘若是某一个方面的经常为之或几个方面的经常为之,那也只能叫做“小有名气”,似绿中一点红;只有全方位的经常为之,全面开花,经久不衰,他的名字才能逐渐为大家所熟悉。

“学高为师,身正为范”,这是所有为师者,尤其是所谓名师者最起码的职业规范。假如再列出几条名师的具体条件的话,如下两条可作参考:

首先,具有一定的影响力

即这个人的思想行为对别人的思想或行动起到了一定的积极作用,且影响范围广、人数多,如对学生、对本学科教师乃至其他学科的教师产生影响,在校内、区内甚至更广范围内产生影响,所以有校级名师、区级名师、市级名师等也是合情合理的;影响方式多,包括发表论著、口头传播、社团活动、弟子延续、参观学习、荣誉奖励、个人传记与后人研究等。

其次,骄人的业绩

一方面是培育出了一流的英才,如辅导的学生在各级各类竞赛中多人多次获得过大奖,培养的学生在社会上成就了一番事业等等。另一方面是做出了一流的教学业绩、德育业绩、科研业绩等。具体一点说就是整体提高了学生的学习成绩,教师形成了独特的教学风格,学生个性化程度高、发展后劲大;整体提高了学生的品德水平,教师以身作则,以身立教,学生品德行为优秀率高,为今后的发展做好了充分的准备;论著丰厚,既有理论高度,又有实践价值和意义,针对教育教学的实际问题提出了富有创造性的观点和看法,采取了富有创意的新举措、新策略等。

随着社会的不断进步，教育也得到了长足的发展，人们希望早出名师、快出名师、多出名师来引领教育的新潮流。于是，各地纷纷出台了所谓的“打造名师工程”，采取了诸如：每年派遣一定数量的英语和双语教师赴境外培训，投巨资在大学建立名师培训基地，每年组织一定数量的教师到外地参观学习，定期举办科任、班主任工作艺术交流和课堂教学研究讨论会等措施。

肯定或否定名师是打造出来的说法都是唯心主义的论调、极端主义的思潮，是不符合现实状况的。谁也不能否认环境对人发展的重要性，但更不能否认的是自身的素质与修行。“打造”一词的含义是制造或比喻制造、造就，是外力或他人的行为，如果肯定了它，就等于否定或淡化了自身的素质和修行。

能够“静下心来教书，潜下心来育人”的关键是教师的自身素质和修养。名师是在教育过程中日积月累而逐渐形成的真才、实学、品行、人格与建树，是需要自己努力取得的。名师是在教育实践过程中产生和发展的，教育实践是名师生存与发展的沃土。教师作为主体的人具有的主动性、选择性、实践性、过程性与创造性等特点决定了名师不是由上级领导任命的，而是在群众中产生出来的；决定了名师也不是评选出来的，而是在教育过程中自主发展的结果。

与其他行业相比，名师的形成时间一般要长一些。这是因为教育是专业，是育人之专业。它需要品行的修炼、智能的积累、智慧的积淀、实践的锤炼、潜能的激发、思维的创新与毅力的考验等一系列的历练过程。不能一口吃成个胖子，更不能拔苗助长。教书育人，来不得半点空架子，来不得半点浮夸与吹捧，更来不得半点虚情与假意。我们需要的是扎实的工作作风、严谨求实的工作态度、潜心研究的创新意识，不需要包装后的“名师”的引领，因为这样的“名师”徒有虚名。

名师不是别人打造出来的，也不是别人宣传出来的，而是在自身的学习和实践中积淀出来的。普通教师，尤其是青年教师要想成为名师，需要在实践中历练，在历练中学习，在学习中反思，在反思中提升：要处理好思维惯性与教育理想的关系，要树立教育理想和信念追求，自觉打破思维定势，积极改革创新，处理好继承与创新的关系；处理好教育工作与教学工作的关系，要自觉承担班主任工作，自觉承担教育教学的双重责任；处理好亲身经历与借鉴经验的关系，要从最基础的工作做起，经历不同的岗位、不同的事件、不同的体验，既能够低头实践，也能够虚心向他人学习；处理好自觉学习与敢于实践的关系，要自觉学习，更要敢于实践，实践比学习更重要，实践出真知，实践才能创新。

名师的成名源于坚定正确的教育信念，乐业是名师发展的捷径，风格独特是名师的外在表现形式。

环境的适合、外力的打造可以助教师成名以一臂之力，但成名的关键还要靠自己。没有适合的环境和外力的打造可以成名，但缺了自身的素质和修炼，即使是有适合的环境和外力的打造也不能成为真正意义上的“名师”。

学生喜欢的老师就一定是好老师吗?

现在许多教育行政部门及学校考核教师都要到班级去搞个调查,这倒也无可厚非。但是,这里确实有许多技术性的问题需要明确,尤其是对行使考核权力的领导者来说,更有深入学习、了解和掌握这门技术的必要。不然的话,这个调查结果就很可能会失之公允,甚至滋生腐败,给教师的身心健康带来不利影响。

一、不同学段,身心发展的水平不同

小学一二三年级,属于儿童小学学习和生活的适应期。这一阶段,儿童的思维正处于以形象思维为主,并逐步向抽象思维过渡的时期,模仿性强,是非观念淡薄。

小学四年级,正处在由儿童期向少年期转变的过程中,他们看问题仍然比较幼稚,对复杂的是非问题常常分辨不清。小学五年级,学生开始进入少年期,身心发展正处在由幼稚趋向自觉、由依赖趋向独立的半幼稚半成熟交错的矛盾时期。他们能认识和掌握一定的道理,开始关注社会现象,开始有独立见解,但他们的见解极易受外界影响而时常变化。这时他们可以以一定的道德标准来评价人、事或社会现象,但仍有片面性。小学六年级,学生接触社会的面比以前广,吸取的信息也更多,对社会现象和国内外新闻比较关心,但选择和处理信息的能力还不强,还不善于对事物进行是非判断与辨析。

初中一年级,是适应中学生活的过渡期。此时学习课目增多,压力加大,叛逆心理逐渐萌发。学生接触的人、事或社会现象越来越多,虽然也能够以一定的道德标准来评价人、事或社会现象,但仍不够成熟,有些事还属于似懂非懂的阶段。初中二年级是心智逐渐走向成熟的过渡期,心理呈现动荡性,存在独立性和依赖性的矛盾冲突,社会性的约束与自我独立的矛盾冲突往往又会使他们产生逆反心理和自卑心理,此时他们对事物的看法已有了自己的见解。初中三年级,随着中考的临近,学生有了紧迫感，对事物的认识也比较现实和清晰，已能够独立判断大是大非问题。

高中生身心发展具有不平衡性、动荡性、自主性、前瞻性、进取性、闭锁性、社会性等基本特征。道德认识表现出较高的发展水平，道德行为表现出不稳定性；自我意识高度发展，强烈地关心着自己的个性成长。高中生十分关心自己个性特点方面的优缺点，在对人对己的评价时，也将个性是否完善放在首要位置。

高中生价值观的核心是人生意义问题。其价值观尚缺乏稳定性，还容易受外界环境变化的影响而改变对社会及人生的看法，改变自己的价值取向。因此，高中阶段个体的价值观仍有向不同方向发展的可能，并且看问题的个性色彩比较浓厚。

二、身心发展的水平不同，判断是非的标准也不同

这个问题在前边的《什么样的教师才是优秀教师?》一文中谈过，在此需要强调的是中小学生乃至大学生心目中的好老师的判断标准有不同，但不管哪个年龄段，高尚的师德才是学生心目中好教师的重要判断依据。一名教师一旦形成了高尚的师德，往往会散发出巨大的能量，有助于深化教师与学生心理交融的程度。

三、不同学段身心发展的水平和判断是非的标准不同，考核的参考价值和分数比重就应有所区别

根据上述的分析，我们可以得出如下结论：不能具体问题具体分析的“学生喜欢的老师就一定是好老师”的结论是有些武断的。学生年龄越小，判断力就越低，偏差也就越大。随着学生年龄的增长，身心发展的水平和判断是非能力的提高，他们对教师的评价也越来越趋向于理性和准确。

为此，考核教师不可以不看学生对教师的满意率，但又不可以全凭满意率的高低来确定教师的优劣。低年级、低年龄段学生的参考价值和分数比重要相对低些，高年级、高年龄段学生则相对要高些。从各地实施的学生满意率占考核总分的比重来看，小学低年级学生的满意率所占考核总分的比重应以5%左右为宜，小学高年级学生的满意率所占考核总分的比重应以8%左右为宜，初中生应以10%左右为宜，高中生应以12%左右为宜，大学生应以15%左右为宜。

在学生中开展对教师教育教学满意率的“民意测验”，一般可分为满意、基本满意和不满意三个档次。满意率的计算公式为：满意率＝（满意票数＋基本满意票数）÷参加民意测验的学生总人数×100％。

为避免弄虚作假，学生民意测验操作方式要有所创新，如不要一律采取问卷的形式，可以采取问卷、走访、座谈、小作文等多种方式或多种方式相结合的形式来进行。但不管采取哪种方式，都要严格考核的各个程序，保证让学生客观、公正、自由地评价老师。

男女教师如何取长补短?

中小学教师男女比例失调,女教师多于男教师的“阴盛阳衰”现象比较普遍,城市甚于农村。特别是近些年来,年轻女性越来越青睐教师职业,在30岁以下的教师中女性的比例逐年提高。这是个世界性的问题,已引起许多国家的高度重视。就我们国家而言,出现这种情况的原因是多方面的,但主要是传统的不平等的社会性别观念束缚了女性的发展,追求稳定成了女性所共通的心理特征。男女智力方面的差异也强化了男女性在选择专业上的性格刻板思维,大量男性就读理工类院校,而女生则选择直接进入具有浓重文化氛围的师范院校……

男女比例失调,是否会影响基础教育的质量?会,但不是显性而是隐性的,不是立竿见影而是缓慢浸透式的。这就像一个家庭中,父母是孩子的第一任老师,缺少父母任何一方,都会给孩子的教育造成不良影响。一所学校,假如只有清一色的女老师,就容易产生“三个女人一台戏”的内耗现象,就容易使学生的性格形成具有“女人化”的倾向;男少女多的教师群体,容易使学生缺乏阳刚之气,男老师自身也容易发生“性别错位”,变得爱唠叨、缺乏男子汉气质等,进而影响中小学生身心发展;相反,女少男多的教师群体,容易缺乏耐心细致、温柔体贴的情怀,进而造成“刚性事件”。

男女搭配干活不累,男女搭配教育不累。男女教师比例的协调、平衡,有利于进行合理的工作搭配,会大大地调动教师的工作积极性,同时又会极大地调动学生的学习积极性,对学生的健全人格的培养起到不可估量的作用,这就是异性相吸的“异性效应”。教师的性别差异在教育教学中各有短长,只有取长补短,优化组合,才能充分发挥作用。男女教师在教育教学中的“短板”和“长板”,概括地说,有如下几个方面:

1. 男教师在稳定性、独立性和自制性方面高于女教师,且差异显著;女教师在兴奋性、敏感性和想象力等方面高于男教师,且差异显著。

2. 男教师有魄力,认真负责、自律、谨慎、果断,但通常缺乏耐心;女教师比男教师对工作更加热心且富有情感,但易于感情用事,缺乏独立、客观地处理事件的能力,体现出敏感、顺从、温柔的特点。

3. 男性因为敢于冒险、思维活跃、知识面广、为人粗犷豪迈等特点，有利于在课改中成为“暴发户”；女教师在语言表达能力强、情感丰富、善做耐心细致工作等方面比男教师虽然更具有优势，但教师是用人格塑造人格，只有教师的素质全面，培养出的学生才更完美。

4. 男教师与男同学之间相处，通常有几种情况：年长的教师易成严父型，学生敬而远之；师生年龄相差不大的，学生由于敬佩老师而产生共鸣，则易成朋友和兄弟，但当双方都不服对方，各自又不服软时，又极易出现僵持局面。男教师和女学生之间，虽不如与男同学之间那么粗犷、随便，但一般也能够和谐相处，经常容易出现的问题是走两个极端：要么是男教师的大度、幽默吸引女学生，要么是男教师颇有威严，学生敬而远之。

女老师在与学生的教育教学交往中比男老师略有优势，女教师与女同学之间，由于同性关系，更易于站在女性的角度去思考问题，从而更加理解、体谅女生；女教师与男同学之间，虽不如与女同学之间能够很快产生共鸣，但女教师的温柔体贴和耐心很容易打动他们，男生不服输、刚性的一面很容易被女教师“以柔克刚”。

5. 性格方面，男性更具有攻击性，更倾向于解决复杂的、需要摆脱定势的问题。女性比男性更容易受心理暗示，自信程度比男性差，倾向于解决简单的、墨守成规的问题。女教师虽然在想象力、创造力以及对知识的灵活运用等方面略逊于男教师，但女教师具有一般男教师无法比拟的优势，那就是“忍耐力”。大多数女教师能够做到态度认真、忠于职守，在相对单调、乏味的条件下仍能够孜孜不倦地坚持工作和学习。

6. 男教师的心理特征总体上属于“理智型”，在思维的灵活性、逻辑性、开阔性、抽象性、独立性、探索精神、支配性与自信心等方面见长，具有豁达、爽朗、果断、勇敢、顽强等心理品质，并有较强的推理能力、问题化解能力和爆发力。对学生要求严格，讲话有条理，偏重理性色彩，能控制自己的情感。在教学管理上，男教师精力充沛，办事有魄力，阳刚之气足，吸引力强，能较快在学生中间建立威信，引起学生的好感，容易形成良好的师生关系。但男教师要注意避免说话态度刻板，避免内容过于简洁或深奥而使学生不易理解；在班主任工作管理上，切忌工作粗心马虎，对学生放任自流、不闻不问，切忌对学生感情冲动，工作方法简单、态度粗暴。如果不注意这一点，就会造成师生关系紧张的后果，使学生产生敬畏感，对教师敬而远之，不愿接近。

女教师的心理特征总体上属于“情感型”。女教师偏重于形象思维和机械记忆，善于运用直觉，知觉反应速度快。女教师具有较强的观察能力、人际关系处理能力、语言表达能力和表演才能。在生活情趣上，女教师注意室内整洁、清静，结构布局合理，注意服饰新颖潮流；在意志品质上，女教师有韧性和持久的耐力，工作细致，擅长说理；在情感方面，女教师性情温和，感情细腻，态度和蔼，给人以亲切温和之感，使学生感到亲切、可信赖。但女教师要注意防止事无巨细、包揽一切、过于溺爱学生等不良工作方式和心理的出现，讲话切忌婆婆妈妈、啰里啰嗦、唠叨个没完，如果不注意这一点，就会使学生产生逆反心理，进而影响师生关系。

7. 男教师专业发展更多的是依靠自身。在培训内容的选择上，男教师更希望培训一些具有挑战性的东西，如教育教学理论方面的知识等。

女教师主要依靠外部的力量来推动自己的专业发展，希望学校在环境和评价制度方面都要给自己的专业发展提供更好的条件。在培训内容的选择上，往往把目光聚焦在具体的、可直接模仿的教学方法以及解决实际问题的知识上。

男女教师在专业发展动力上的差异，使得教师在专业发展的进度及成果方面出现了女教师稍落后于男教师的情况。所以，学校领导者应该更多地关注女教师的专业发展，给一些倾斜的政策，以促进女教师的专业发展的进度，促进男女教师专业的均衡、协调发展。

男性越成熟越像女人，女人越成熟越像男人。如果女教师能够兼容一定的男性品质，既能像男教师那样在教学广度上下功夫，又能像男教师那样重深度，粗犷和豪迈……如果男教师能够兼容一定的女性品质，既能像女教师那样在教学细微处下功夫，又能像女教师那样耐心周到，温柔而体贴……两者的加减综合就会大幅度提高教育教学质量，促进学生素质的全面发展，同时又会给异性之间的沟通带来好处。

班级教学管理

如何打造原则化高效课堂?

什么是“原则化高效课堂”? 就是以遵循能够省时高效的各项基本原则为出发点和落脚点的课堂教学。一堂课多种模式,一个课型多种模式,最终还要因人施法,因材施法。

原则化高效课堂模式举例:

1. 先学后教模式——先学学什么、怎么学,后教教什么、怎么教等的一般方式方法;

2. 精讲多练、精练模式——精讲讲什么、怎么讲,多练和精练练什么、怎么练等的一般方式方法;

3. 严格管理模式——管什么、怎么管等的一般方式方法。

一、 打造高效课堂的前提条件

(一) 充分发挥家长的作用

1. 未来教育要关注家长

尝试对家长实施义务教育,更新他们的家教观念,使他们讲究教育的方式方法,学会进行民主式家教,发挥学校教育的主体作用,建立一个“家校一体”的“大教育”模式等等,或许是改变目前现状,使未来教育走向繁荣昌盛的重要途径。

2. 建立家长群,及时沟通情况

沟通的主要内容有:

(1) 明确各科的作业;

(2) 作业完成情况通报;

(3) 考试情况通报;

(4) 家庭教育的理论和方法的交流、指导等。

即使是家长在外地打工，也要加入这个群，让他们时时刻刻了解孩子的学习状况，参与学校教育。

3. 实施家长签字制

对于学习自觉性比较差的初中、小学的学生来说，仍然适于作业家长签字制。要使家长养成按时检查孩子作业的习惯，让家长把好孩子学习的第一关。

总之，不管家长是什么水平、身在何地，都要充分调动他们参与学校教育的积极性，充分发挥他们的作用。否则仅靠课堂45分钟，是打造不好高效课堂的。

（二）重视非教学素质的提高

我们后边还要具体谈这个问题，所以在此只强调："非教学素质"的基本内核是"严"，如庄重而威严的气质、不达目的誓不罢休的倔强性格、严师出高徒的敬业理念，严于律人、律己和雷厉风行的工作作风，一丝不苟的认真态度，严格规范学习行为，不让任何一个学生掉队、落后的措施和手段等——这些是提高教学质量的根本要素，也是打造高效课堂不可或缺的条件。

（三）充分发挥学生合作学习的作用

将班级分为若干小组，由一个学习成绩比较好的同学任组长，帮扶三四个学习成绩相对比较差的同学。科代表领导小组长，同时又是小组成员，并接受小组长领导。

1. 辅导作用

有问题找组长，由小组长负责辅导解答。同时鼓励小组长发扬奉献精神，主动帮助小组成员学习，实现共同进步。

2. 检查督促作用

层层检查督促作业完成状况，科代表检查小组长作业，小组长检查组员作业，且及时填报作业完成状况登记表，上报老师和发送家长群。

（四）懂得作业与成绩理论的基本常识

对于教师来说，谁能做到作业最少，成绩又不差，谁就懂得了教学的真谛。实际上，能做到这一点，就说明这个教师的课堂已经是"高效课堂"。

成绩与作业质量密切相关，与数量无必然联系。将课外预习及练习纳入课堂，少留或不留作业，可以彻底断绝"课内损失课外补"的侥幸心理，彻底拆除"课内平庸偷懒，课外用功补习"的平台，让课堂成为既演又练的场所，逼迫师生在课堂上下功夫。

要树立预习就是正课、自学就是正课、课堂不怕冷场的观念。学生没有预习的知识就不讲，学生预习不好的知识也不讲。

（五）管理要有力度

1. 明确要求，规范行为

作业管理是对作业过程的各环节进行组织、监督、评估、总结、调整，使作业在教育教学过程中的功能最大化、学生课余时间最优化的行为。

首先要千方百计地使作业的“量”降下来，然后再研究“质”的问题。要从作业的设计、数量、质量、难易难度、层次梯度、批改要求等各环节加以规范；要做到目标明确，要求具体，定期检查、评估、反馈；要通过对作业管理的深化、细化，促进教师教学观念和行为的转变，提高作业的针对性、有效性，以加快教学改革的步伐。

2. 贯彻落实，接受监督

方针制订了，制度健全了，如何落到实处？这要从日常工作的一件件小事抓起。例如坚决杜绝加重学生课业负担的一切行为；学校要以班级为单位对学生每天的作业布置情况进行记录，并指导学生和家长将每天完成各科作业的用时进行反馈，班主任及时做好统计、整理，然后上报年级组和教导处，以利检查监督；教师在工作中要注意作业管理工作中各种材料的收集与整理，以总结经验与教训，逐步实现作业管理的常规化、规范化和制度化。

（六）强化观念，淡化设计

强化教学的效益；强调教的方法要根据学的方法来确定，学的方法要根据做的方法来确定；强调教学要具有内容的现实性、形式的多样性、过程的探索性、目标的多元性等基本特征；观念决定设计，淡化设计不是不要教学设计，而是不要冲淡主旨，冲淡系统观念的主导作用；抓住教学观念的核心内容；教什么永远比怎么教重要；精心于长远整体的设计，简约于眼前的局部设计；提倡教学设计要有大眼光、大视野，不能只顾眼前；提倡教学设计要遵循系统性、程序性、可行性、反馈性的设计原则。

二、打造高效课堂的理念和方法

（一）省时高效

省时高效是打造高效课堂的重要理念和方法。

（二）遵循高效原则，不拘泥于某种模式

1. 打造高效课堂的原则

原则是说话或行事所依据的法则，是经过长期实践检验行之有效的方法规律，是一种先进的思想和理念。

教学原则是根据教育教学目的、教学规律而制订的指导教学工作的基本要求，是在总结教学实践经验的基础上制定出来的。它既指教师的教，也指学生的学，要贯彻于教学过程的各个方面和始终。

由于教学目的和教学实践面临的课题不同，教育家的哲学观点和对教学过程规律的认识不同，所制订的教学原则就有所不同，因而古今中外教育著作中提出的教学原则的名称、数目、内容和体系纷繁不一。归结一下，主要有：科学性与思想性统一原则、理论联系实际原则、教师主导作用与学生主动性结合原则、传授知识与发展智力统一原则、统一要求与因材施教结合原则、系统性原则、直观原则、巩固性原则、量力性原则、启发式原则、教学相长原则、整体性原则、师生协同原则、积累与熟练原则、反馈调节原则、教学最优化原则等等。

这些“原则”，在应试教育为主的今天，少数是亘古未变的，至今仍有现实意义，而大多数则被急功近利的现实弱化，甚至是遗弃。可是还有些经实践证明是可以奉为原则的东西却没有列入其中，在这里要把它们补充上。

近40年以应试教育为主的教学实践，使我越来越深刻地认识到：要使课堂省时高效，只要抓住下列的几条原则并认真落实。

（1）因材施教的原则

因材施教是指按一定的教学目标，针对学生的个别差异和具体特点，采取不同的教学措施。这一原则是为了处理好集体教学与个别教学、统一要求与尊重学生个别差异问题而提出的。

由于遗传素质、家庭环境和个人成长经历的不同，在同一班级中的学生，虽然有着共同的年龄特征，但是在学习的成绩、学习态度和方法、兴趣和爱好、气质和性格、禀赋和潜能方面都会存在很大的差异。因材施教就是要适应每个学生的不同需要并进行有针对性的教育。

因材施教在我国有着悠久的历史传统，孔子的教学实践为后人提供了典范，他说：“求也退，故进之；由也兼人，故退之。”朱熹总结孔子的教学经验说：“夫子教人，各因其材。”

（2）巩固性原则

教学中要不断安排和进行专门复习，使学生对所学的知识牢固地掌握和保存。这一原则是为了处理好教学中获取新知识与保持旧知识之间的矛盾而提出的。巩固是在理解的基础上巩固；保证巩固的科学性；巩固方式要多样化，除各种书面作业，还要善于利用调查、制作、实践等方式帮助学生巩固所学知识，促进学生多方面发展。

巩固知识，要保证学生的身心健康。国内调查显示，中小学生的学习负担过重、睡眠不足是相当普遍的现象，原因之一就是作业量大。教师应本着对学生和社会负责的精神，合理地安排巩固工作，将学生的作业量控制在适当的范围内。

（3）及时反馈调节的原则

教师和学生要从教学活动中及时地获得反馈信息，及时调节和控制教学活动，提高教学效率。师生要善于通过多种渠道，及时获得教与学的反馈信息，课堂上学的知识最好当堂理解消化；师生要及时评价所获得的反馈信息，恰当地调节教学活动。布置的作业第二天要检查测试，并及时予以等级或分数的评价。

要培养学生自我反馈调节的能力，提高学生学习的主动性。每次作业都要首先组织学生自批、互评。

作业一定要做到有布置、有检查、有评价，对不认真完成或没有完成作业的学生要有补救措施。

（4）先学后教的原则

先学后教，以学定教。先学，不是学生漫无目的地学，而是在教师简明扼要地出示学习目标、提出自学要求、进行学前指导后，学生带着思考题在规定时间内自学指定内容，完成检测性练习。后教，也不是教师漫无目的地教，而是在学生充分自学后，教师与学生、学生与学生之间进行互动式的学习。

在“先学”过程中，教师要鼓励学生高效完成任务，可及时表扬速度快、效果好的学生；可给“走错”或“迷路”的学生说几句悄悄话，给他们“指南针”，但不能分散学生注意力。教师应通过巡视、质疑问难、个别询问、板演、讨论等形式进行调查，以暴露学生自学中的疑难问题，并认真分析、梳理、归类，为“后教”作好准备。这实际上是教师在修改教案，是“第二次备课”。

“后教”要注意的问题是：明确教的内容，应该是学生自学后还不能掌握的共性的内容，学生会的一律不教；明确教的方式，应该是“兵教兵”，即会的学生教不会的，教师只评定对或错、完整或不完整，对不对的内容教师要帮助更正，对不完整的内容要补充；明确教的要求，要不折不扣达到课程标准的要求，不能就题讲题，只找出答案，而要引导学生找出规律并上升到理论，真正让学生知其所以然，还要提醒学生预防运用时可能出现的错误，这样就从理论到实践架起一座桥梁。

(5) 精讲多练、精讲精练的原则

“精讲多练、精讲精练”原则，是课堂省时高效的最关键、最核心的原则。这条原则在前文已经多次提到，足以说明它的重要性，所以在此我还要再次简要强调，希望大家要理解、掌握、运用好这条原则。

首先是精讲。精讲是针对教师每节课所要讲的内容而言，既是数量上的要求，也是质量上的要求。“少而精”就是精讲所要求的辩证的统一。“不讲”是指凡是学生通过自主、合作、探究能够解决的问题一律不讲。讲与不讲以及怎么讲，要根据具体内容、具体教与学的情况，视效果而定。

其次是多练与精练。“多练”不是搞题海战术，它指的是在课堂教学中，教师应多给学生练习、展示的机会，并引导学生通过“锻炼”巩固所学知识，提高自己的自主理解能力和自主分析问题、解决问题的能力。“精练”包括两个方面：第一要精选习题，切忌讲量不讲质；第二要深化，通过“练”这一环节，使学生的知识转化为能力，内化为学生自己的东西。

“精讲多练”和“精讲精练”是由初级向高级发展的两个不同的阶段。由精讲多练逐渐向精讲精练过渡是“讲练结合”所追求的目标，也只有这样才能够达到“省时而高效”的大目标。

(6) 从严管理的原则

从严管理的原则，是课堂省时高效、教学省时高效的基本保障。前文已经讲过，在此不再详细阐述。

2. 教学模式

我国比较流行的教学模式：课改前，以苏联凯洛夫的课堂教学五环节影响最深、最广；课改后，呈百花齐放之态势。比较这些模式可以发现，无论在形式还是内容上，都是在“学、导、练”三个字上做文章。课堂上，通常都放大小组合作与展示的作用，都用学案来“导学”，都主张当堂训练或检测反馈，都关注学生的学习状态，都注意控制作业量，或者是实施“零作业”策略等等。

比较古今中外的这些教学模式可以发现，它们的总体发展趋势是由单一型向多样化教学模式发展，由归纳型向演绎型教学模式发展，由以“教”为主向重“学”为主的教学模式发展，由手段陈旧向日益现代化的教学模式发展等等。

3. 教学原则与教学模式

原则决定模式，没有思想原则，只学模式，是僵化的机械性活动；模式可以规范思想，强化人们的思想转变和原则把握。无固定模式的模式，才是最高级的模式。

教学中，不可能存在万能的教学模式，可是原则却是通用的。不同的教学原则、教学目标和情境，需要有不同的教学模式。教学改革的真谛就在于对“经典原则”的准确把握和运用，就在于对旧教学模式的改造和对新教学模式的探索。

从苏格拉底的“问答法”到现代的“多媒体辅助教学”，从孔子的“启发式”到巴班斯基的“最优化教学”，纵观古今中外教学模式改革发展的历程，不论其是否科学、有效，都充分体现了人们前仆后继的探索精神。

带着原则去上课，比带着模式去上课更有底气和张力。带着包含有先进的教学原则、现代化的教学理念、渊博的科学知识、科学的教学方法等要件的“思想原则”去上课，可以胸有成竹、游刃有余，提高课堂教学效益。

融合教学原则与课堂教学的关键是先进的教育教学理念要内化，进而形成自己的教育教学思想和原则，并持之以恒地去实践。“实践＋反思”是理念和行为相连接的最直接的手段，也是教师专业发展的有效途径。

教有法，而无定法。“无定法”的前提是“有法”“有原则”，当熟练地掌握了各种“法”“原则”的精神实质之后，才有可能抛开一个个“个体的法”，融会贯通于“多法”，进而形成一种并非是具体方法的万能的“思想方法”，这时的课堂教学，便是无法胜有法的“因材施法”。

倡导“教学要遵循原则，不拘泥于模式”，就是要倡导我们的教学不能忘记“本”，不能舍本求末，不能盲目搞花架子，要注重实效；就是要倡导我们的教学要多快好省，避免少慢差费；就是要切实减轻学生的课业负担，同时也解放老师。教学只有遵循原则，不拘泥于某种僵化的模式才能永葆青春，具有顽强生命力，才能经典永流传。

学生抄作业该怎么办?

学生抄作业的现象由来已久，目前有越来越甚之趋势：不仅拿别人的本子抄，还可以在网上抄；不仅自己抄，还可以请别人抄；不仅无偿抄，还可以有偿请人代抄；不仅学习差的学生抄，学习好的学生也抄；部分学生很早到校不为读书，而是为抄作业，甚至还出现了早晚聚集在球场、茶馆、店铺、公园等场所，“分工合作”集体抄作业的现象；网上有偿代写作业的广告更是多得惊人。

发现有学生抄作业，教师就气不打一处来，一问原因更是气炸了肺，因为绝大部分的回答是“太多了，我做不完”“忘记了”“不会做”。人们不禁要问，这一代的孩子怎么了？有人说，这是物质生活水平提高，独生子女怕吃苦的“享受型综合征”；有人说，这是家庭及学校教育不严格的“欠抽型综合征”；我们说，不要仅仅问这一代的孩子怎么了，更要问这一代的教育怎么了，这是这一代“教育问题的综合征”。

如果我们静下心来分析一下学生抄作业的原因，则不难发现这里既有学生的主观原因，也有教师教育的客观原因，且在一般情况下，客观原因影响着甚至是决定着主观原因的形成。

一、抄作业的主观因素

（一）基础薄弱，学习成绩差

由于受智力与非智力因素的影响，学生学习效率低、成绩差，作业难以与正常同学同步完成，只好抄写应付。

有时老师布置的作业难度大，家长又无力辅导，无奈之下也只好用抄袭来敷衍了事。

（二）学习态度不端正、目的不明确，懒惰，不肯动脑筋

由于受教师教学水平和非智力因素的影响，学生对学习缺乏兴趣、信心和吃苦耐

劳的精神，上课不专心，不会的知识越积越多，慢慢就形成了恶性循环。但作业又必须交，为应付了事，只好蒙混过关，以抄为上。

（三）自制能力差，劳逸时间分配失当

由于受家长、教师管理不善，学习压力过大和非智力因素的影响，部分学生离开老师或家长的监督就无拘无束、自我放纵起来，结果因为玩而忘了做作业，于是便抄作业交差。

二、抄作业的客观因素

（一）“满堂灌”的陈旧教学方式

现代的教学理念要求教师课堂教学由精讲多练向精讲精练过渡。讲练结合，教师的讲就不能超过课堂教学时间的三分之一。可是目前的教学仍是教师的一言堂、满堂灌，根本就没有学生练的时间，更不能在课堂内给学生做作业的时间，教师也就不能及时指导学生完成作业，所以就得课内损失课外补。大作业量由此产生，学生完不成就得去抄。有时教师发现抄袭也很少去追究，抄袭现象就越发严重。

（二）题海战术

试题不精选，不研究，有题就做。不讲究试卷的信度、效度、难易度，甚至试卷出现了许多错误、重复，教师都不甚了了。尤其是临考前期，各科漫无目的的作业堆积如山。学生在机械重复中形成了内耗，思考的空间少了，创新的意识泯灭了。难题一大堆，困难一重重，为了交差，学生不得不抄。

（三）缺乏控制作业量的有效措施

上级减负的文件一个接一个，可是缺少监督、检查和反馈等扎实有效的措施。学校、教师早已习惯了上级的这种做法，所以仍我行我素，生怕减了负就降低了成绩。

谈起布置的作业量时，每位教师都会说，我留的作业不多啊！可是，以初中为例，通常有六七门课程，假如一科留 20 分钟的作业，学生就需要两三个小时才能完成全部作业，况且有的学生还要参加书法、绘画、器乐、外语等课外补习班。特别是在假期，作业多得连好学生都做不完，何况是学习差的学生？完不成作业怎么办？一个字，抄！

综上所述，无论抄作业是主观原因还是客观原因，最终的原因还是陈旧的教育教学观念和方式使学生课业负担过重，令他们不得已而为之。

三、解决措施

面对日益严重的抄作业现象,该怎么办?唯一的办法就是要改革我们的课堂教学,改变我们传统的教育教学观念和做法,追求省时而高效的教育教学目标。

省时,即节省教与学的时间。其一是教师要少讲、精讲或不讲。"少而精"是精讲的辩证统一。"精讲"要讲学习方法、要求,知识的拓宽、迁移、类比、推理,学习的疑惑和盲点,知识总结、应用及规律等。"不讲"是指凡是学生通过自主、合作、探究能够解决的问题一律不讲。只有少讲、精讲或不讲,学生在课堂上练的机会才多,课外作业才会少,因为有许多课外作业可以在课内完成。

其二是学生要精练。精练要练学生难懂的地方、易混淆的地方、有常见错误的地方和中高考易考查的重点。习题设计既要突出重点、难点,又要具有基础性、层次性、开放性;要筛选出可以从中归纳出解题思路或知识迁移应用的一般方法的题目来练习;要精心汇集问题。只有精练,才会杜绝盲目的"题海战术",课内外作业才不会多,学生作业才不会抄。

高效,即提高教与学的效率。要提高教学效率,家长、教师必须"严格"对学习过程的管理。只有把单位时间内的教与学抓紧、抓实,才能少做或不做无用功,才能有效防止"教学不精题来补"的现象发生。

各科教师要通力合作,班主任要做好调控,少留或不留作业。学校要拿出有效措施,比谁的作业留得少,成绩却不下降或有提升,以促进教师的课堂教学向省时高效的目标奋进。

作业少而精,能在课堂上解决的问题,尽量在课堂上解决,这样就会有效遏制抄作业情况。学生没有完成作业,教师首先要检讨自己:布置作业时是否有和同学们商量,是否太多,量和难度的尺度是否把握得好;其他科目是否留的作业太多,是否和其他同事研究过少留作业的问题;等等。要调动家长的积极性,充分发挥家长的监督作用。对于个别基础不好的学生没完成作业,还要区别对待。

说一千,道一万,最后要落实到我们的话题上来,那就是要杜绝抄作业,就要从教学改革做起。只一人、一个科目还不行,要大家都行动起来,才能扎实有效。

如何提高影响教学质量的非教学素质?

教师素质就是教师在本人与生俱来的生理、心理特点的基础上,通过后天环境、教育而获得的作为教师职业身份所需要的身体素质、心理素质和社会文化素质等各种品质的总和。

教师素质主要包括:思想素质、专业的知识和理论素质、教学的理论和实践素质、心理素质、身体素质等。我又将教师的这些素质细化为“教学素质”和“非教学素质”两个方面。因“身体素质”是一切工作的“本钱”,不具有“性别”的属性,故不在这里予以讨论。本文重点要讨论的是“思想素质、专业的知识和理论素质、教学的理论和实践素质、心理素质”等方面的问题。

教学素质是指本学科的知识和技能,包括专业的知识和理论素质、教学的理论和实践素质两大方面和与本专业相关的学科的知识和技能。譬如语文教师要培养学生的“听、说、读、写”能力,首先就应是这四个方面的高素质的人:“听”会抓要点;“说”又说得准确简明、生动形象、风趣幽默、含蓄深沉,并懂得区分场合、对象,且善于运用肢体语言;“读”,不仅读得标准、清晰、流利,声音具有美感,且声情并茂;还能写得一手好字、好文章。此外,又博古通今,多才多艺。

一言以蔽之,教学素质就是直接教导学生向老师学习的可以“为人师表”的“显性”的各方面教学素质的总和。

那什么是非教学素质呢?非教学素质就是与教学素质相对应的,不直接与本学科教学相联系的内容,也不包括本学科教学在内的知识和技能,主要指的是思想素质和心理素质两个大方面。非教学素质是教师的气质、性格、工作理念、作风、态度、责任感等,虽不直接与本学科教学联系,但又可直接影响教学效果的个性化因素的总和。

通常有这样的情况,使你不得不对教师素质别有一番思考:两个教学素质基本相同的教师,承担一样的教学任务,所教对象的基础又相差无几,但半个学期或一个学期下来，教学效果却不尽相同，有的甚至差距很大；两个教学素质相差明显的教师，承担一样的教学任务，所教对象的基础也相差无几，但半个学期或一个学期下来，教学实际效果却是“教学素质低”的不一定就比“教学素质高”的差，有的反而还要好一些，甚至好出很多。这说明什么呢？说明教师的“教学素质”不是决定教学效果的重要的或者说是唯一的因素。

“非教学素质”的基本内核是“严”，如庄重而威严的气质，不达目的誓不罢休的倔强性格，严师出高徒的敬业理念，严于律人、律己和雷厉风行的工作作风，一丝不苟的认真态度，严格规范学习行为、不让一个学生掉队落后的措施和手段等——这些才是提高教学质量的根本要素！

许多学校在教育教学方面取得了令人瞩目的成绩，一时间专家学者云集探秘，参观取经者络绎不绝。其实他们的经验并不高深复杂，就是站在非教学因素的高度，“严”字当头，严格管理，严格执行各项规章制度，将个性化的非教学素质共性化，全校步调一致，理念统一明确，责任统一明确，甚至这节课讲什么、讲多长时间，练什么、练多长时间，都有明确的规定。尽管这种经验窃以为并不见得完全符合现代教育教学观念，但由于他们有了明确的理念和具体提高教育教学质量的方法和措施，且一丝不苟、持之以恒地坚持了下去，就取得了显著的成绩。

非教学素质对学习成绩的影响是以“严格”对学生学习过程的管理为基础的，但“严”一定要注意讲科学：要努力，要付出，要适度，要持之以恒，要严中有爱，以对学生终身负责为出发点。

非教学素质有许多是天生的，但后天有意识的、积极的自我养成也至关重要。因此，我们每位教师都有形成良好非教学素质的可能，都有提高非教学素质的必要。

预习及练习进课堂，减负就不是梦想吗?

一、课业负担重的原因

减轻中小学生的课业负担，是现时代教育教学改革的重大课题。反思目前造成中小学生课业负担过重的原因，除单纯的中高考选拔人才的机制的落后、课程容量及难度大、教师教学方法陈旧等因素外，还有一个目前尚没有得到充分重视的因素就是没有正确对待课外预习及练习(即狭义的作业或家庭作业)两手都要抓，两手都要硬的学习和教学策略。

二、课外预习和练习

课外预习和练习历来是教学理论中颇受重视的两条平行并举的线，但这两条线在实际的教与学的具体操作的过程中是平分秋色的吗？非也！一软一硬，预习软练习硬才是大体上的真实状况。

(一) 课外预习为什么“软”

课外预习这条线之所以疲软，就是因为人的精力是有限的，而中小学学生的精力更是有限的。巨大的作业量已经使学生喘不过气来，哪还有时间预习呢？我从事语文教学工作近40年，在前二十几年的教学时间里，确实是狠抓、实抓课前预习的，常用“预习是学习之母”来教导学生，目的是使他们认识到预习的重要性，进而不打折扣地按老师的要求去预习。但是预习的内容和形式比较单一，仅仅要求学生将课文浏览一下，自主解决一些生字、生词问题，找出不明白的地方，虽谈不上进行了系统的、符合学生认知规律的预习策略辅导，但在起始年级也都作过简要的、最基本的预习方法和内容的指导。

从学生的预习状况上看，老师如果抓得紧，检查及时，学生基本能够按照老师的要求去做。但随着学生年龄及阅历的增长，他们似乎厌倦了这种千篇一律的预习，越来越不像以前那么认真，越来越不愿意做这件事。再加上课业负担的一点点加重，他们也无暇再进行预习了，尽管老师一再强调，但也只有少数“尖子生”才能按老师的要求去做，其他大部分学生能完成作业就已经不错了，哪谈得上预习。如果教师逼急了，那学生就会简单应付你一下。针对这种情况，我对“预习”这个问题进行了深入持久的反思与调整：

首先是在讲新课、检查预习时放慢速度，有意照顾那些没有预习的同学；其次是降低预习的要求，只要求看上一遍，扫除生字词的阅读障碍就可以了。可是几年下来，我觉得效果仍然不好。放慢速度，照顾没有预习的同学，其实是漠视了“尖子生”的需求，浪费了他们的时间；尽管降低了要求，但仍有部分学生就是达不到要求。

（二）课外练习为什么“硬”

课外练习这条线之所以“硬”，历来被人们所重视，就是因为它可以给课堂“平庸”的师生的教与学创建弥补的平台，可以“课内损失课外补”；就是因为中小学学生作业完成的质量是影响学业成绩的主要因素；就是因为有的学生总以为课本和老师所讲的一看就懂，一听就会，结果却是一做就错。也正是因为家庭作业历来被人们所重视，所以才出现了中小学生的课业负担过重的悲惨事实，所以才有了“千军万马过独木桥”的相互攀比、激烈竞争的无奈之举。

谁也不可否认，知识是认识的结果，技能是训练的结果，不认真完成作业就想取得好成绩是不可能的。但是，学生获取知识的渠道绝不是仅靠课本作业一条，还有如看电视、看书、上网、实验、参观、访问、劳动、游戏活动等多种。我们现在的中小学学生作业却仅仅局限于课本知识的巩固与练习，其目的只是为了应试取得好成绩。

谁也不可否认，学生通过做作业可以对所学的知识加深理解，增强记忆；可以检验听课的效果和掌握知识的程度；可以发现所学知识的缺漏并加以弥补；可以给教师提供教学的信息反馈，教师也可通过批改作业、评讲作业，有针对性地辅导学生，进而更有效地帮助学生掌握书本知识。但是，人一生学到的知识绝大部分都不是通过课本得来的。我们现在的教学是过分重视了课本知识的教与学，而忽视了课外知识获取途径及其方法的开发、指导和检查，“高分低能”的现象也就在这种种重视课内知识的“千方百计”之中出现了。

三、解决课业负担重的措施

综合两方面的“一软一硬”状况所产生的实际效果，我认为：课外的预习对于大部分学生来说已到了“形同虚设”的地步，而我们的课堂教学又是要面向大多数学生的，预习步调的不统一使教师很难把握教学的分寸，以至于会影响课堂教学的效果；课外作业单一、量大等弊端严重阻碍了素质教育的发展进程，学生的身心健康严重透支，素质发育每况愈下。如此“一软一硬”的陈规陋习也确实到了应该“改革”的时候了。

让预习和作业走进课堂，可以彻底断绝“课内损失课外补”的侥幸心理，彻底拆除“课内平庸偷懒，课外用功补习”的平台，让课堂成为既演又练的场所，逼迫师生在课堂上下功夫。假如科科如此，班班如此，校校如此，减负岂能落不到实处？

（一）不是没作业，也不是课内对课外失去了调节和控制

将课外预习及练习纳入课堂，不是课外就没有了家庭作业，也不是课内对课外就失去了指导、检查、评比等的调节和控制。而是变以往的单一的课本知识的预习、巩固练习为课内布置指导、检查评比，课外进行参观、调查、访问、写生等更广阔的社会实践活动；变以往的单一的课本知识的预习、巩固练习为课内布置指导、检查评比，课外实施数学、天文、地理、历史、物理、化学等兴趣小组活动；变以往的单一的课本知识的预习、巩固练习为由课内向课外的扩展性阅读；变单纯的应试教育为多彩的素质教育，等等。

（二）“习”字进课堂

课外预习及练习走进课堂就是“习”字进课堂，就是要严格实施精讲多练、精讲精练的原则，合理分配课堂教与学的时间，让学生充分“动”起来。

讲要求精，学生通过自学可以学会的课程知识一律不要讲。有的学校规定一节课教师讲解时间不得超过10～15分钟，且不说这种规定是否科学，课堂上要“少讲多练”却是目前人们的共识。“少而精”即强调讲就要讲基础知识的重难点和考试中的失分点，讲就是要获取知识的方法和规律；讲就是要答疑解惑、查缺补漏……

（三）重新构建课堂教学结构，进行“学、导、练”教学活动

课外预习及练习走进课堂，就是要重新构建课堂教学结构，根据学情、教情等状况，进行“学、导、练”等丰富多彩的教与学活动，力争达到当堂理解消化知识的目标。

要树立预习就是正课、自学就是正课、课堂不怕冷场的观念。“学、导、练”要紧密

结合，以“学”和“练”为主体，学生没有预习的知识不讲，学生预习不好的知识也不讲。教师“导”后必须要强化“练”；练要达标，达不到基本的标准要“回头练”“反复练”。预习目标要与教学目标一致，将教学目标转化为学生的预习任务，并把这个任务设计为具体的学习活动，以学案形式呈现给学生，让学生通过自学建构新知。

预习检测要以学案为依托，利用学生互评、互改、讨论、交流等形式完成。通过预习检测，要梳理出哪些目标和问题是学生已知的，哪些是学生未知的，据此来确定教师“导”的内容和重点。

历数目前国内外教学改革的成功例子，无一不是将课堂“动”起来作为其基本出发点和归宿来探索的。“动”就是动手操作，就是实验、讨论、交流、预习和练习等自学和相互学习的活动。假如我们对这一点没有异议的话，那么，就为大胆实施将课外预习及练习纳入课堂这项改革从时间到空间，再到理论和实践等提供了范例性的依据。

假如能真正将预习、练习纳入课堂，减负就不是梦想。于此看来，它必将是今后国内外教学改革发展的大势所趋！

如何进行班级成绩分析?

一、影响班级成绩的主要原因

(一)班风不正,学风不浓

良好的班风、学风是成绩的保障。影响良好的班风、学风形成的原因是多方面的,如缺乏集体荣誉感和班集体的凝聚力,没有良好的纪律做保证等。

(二)缺乏榜样的力量

榜样的力量是巨大的。没有领头人,没有精神领袖,集体就容易迷失方向。

(三)没有抓好问题学生的管理

问题学生管不好,班级就会时时出现问题,班风、学风就会受其影响。

(四)没有协调好和科任教师的关系

一般情况下,班主任所教科目的成绩要好于其他科目,如果班主任教两个或两个以上的班,所任班主任的这个班的成绩要好于其他班级。为防止偏科现象,班主任要有全局意识,协调抓好学生个人以及班级整体薄弱科目的转化工作。只有班主任和科任教师齐心协力,成绩才会整体提高。

(五)没有充分调动家长的积极性

学生在家能否独立认真完成作业,是影响其学习成绩的主要原因。学校教育只有在家庭教育的积极配合之下才能扎实而有效,如果家长对学校教育不积极寻求配合的方式和方法,甚至袖手旁观,很难取得理想的教育效果。

二、成绩分析

(一)统计

按照花名册统计各科成绩、总分、名次(班级名次、年级名次)、名次变化;各科平均分、及格率、优秀率及上述三项指标的年级排名和与最高值的差别等。

（二）对学生个人成绩的分析

1. 成绩变化的主要原因

看本班中名次在年级前 100 或 200 名的学生排名变化情况，了解本班学生中优秀学生的比例，做好重点培养对象的选择工作。

2. 关注特殊或特色学生的成绩

关注如目标生、学困生、学优生、特色学生、学生干部等考试成绩的分析；以鼓励性评价为主，针对异常情况（大幅度前进与后退）进行成因分析；表扬本班单科成绩最高的学生，以更好地树立本班学科学习榜样，充分发扬其先锋模范作用，整体带动学科成绩再创新高。

（三）对学科成绩的分析

要与学科教师沟通后进行。将本次考试成绩与上次考试成绩进行对比，找出进步突出和退步较多的学生，综合分析原因，力争下次考试避免同样问题的发生，同时积极做好退步较多学生的思想工作。

（四）班主任工作改进设想

主要考虑班级管理、班主任工作协作两个方面。综合分析成绩，发现并总结问题，力争克服困难并解决问题，稳扎稳打，不断提升班级整体成绩水平。

教师该如何备学生?

所谓“备学生”,就是要全面了解掌握学生的生理和心理状况;了解掌握学生已有知识背景和生活经验;了解掌握学生的学习目的、学习态度、学习习惯和接受能力;了解掌握学生喜欢的听课方式以及感兴趣的学习内容;了解掌握学生的知识基础、智力和非智力因素的发展状况;了解掌握学生社会关系、家庭关系及教育状况,等等。备学生为实施因材施教掌握第一手材料。

一、备学生的意义

(一)教育发展的需要

当前,教育教学的基本理念正在发生重大变化。在备课活动中强调要备学生,既有课堂教学的起点的原因,也是课堂教学的终极目标所致。

现代教育理论认为,教学并不仅仅是教师向学生传递知识的过程,更是学生自主构建知识的过程。教师在研究教材的同时,还要分析学生对将要学习的新知识的接受能力,合理采用适合学情特点的教学方法,设计适应学生个性、能力发展的教学内容以及对学困生应采取的补救措施等。教师通过备学生,加强备课的目的性、针对性和实效性,进而优化教学过程,发展学生潜能,促进学生人格的健全发展。

(二)以学定教的需要

在以学生发展为本的教育观念下,课堂教学组织和落实的基本出发点在于学生的学习,在于让每名学生都能够获得应有的进步和发展。通俗地说,就是学生怎么学得方便,教师就应该怎么教。

以学定教,要求教师在教学中的角色不仅体现为“学习活动的组织者、引导者和合作者”等方面,而且还要体现为教师是学生成长的引领者、潜能的唤醒者、教育内容的研究者、教育艺术的探索者、学生知识建构的促进者等等。

（三）促进学生发展的需要

素质教育要求全面培养和提高学生适应知识经济社会需要的素质和能力。教育改革的根本动因在于国家和社会的发展，在于让每一名学生获得全面、健康、和谐、可持续发展。无论课程的设计，还是课程的实施和评价，一切都要从学生的需要出发，以学生的发展为本。

二、备学生的基本原则

（一）主体性原则

教学的根本目的是促进学生的发展，教学过程中最重要的任务是发展学生的主体性。备学生的过程就是深入研究学生的过程，就是不断弘扬学生主体精神的过程。

教师通过备学生，解决学生现有水平与教学要求之间的矛盾，起到调节学生与教材之间关系的作用。学生知识的获得、能力的提高、行为习惯的养成，归根到底是学生学习的结果。在备课中，教师应多创设让学生自由活动和展示自我的内容，使学生通过学习获得欣赏自我、体验成功的喜悦。

（二）差异性原则

教师要做到尊重差异、承认差异，从学生实际情况出发，根据不同情况，有的放矢地备课。备课中要利用多种反馈渠道，积极创设师生之间、生生之间交流的条件和情境，尽可能为每一名学生提供施展才华的机会。无论是优秀生还是学困生都各有所长，老师应注重在教学中进行分层指导，因材施教。

（三）发展性原则

教师要用动态的发展的眼光看待学生，充分调动每一个学生的主观能动性。要客观地分析、研究学生，相信学生的能力，用“你能行”的期望来激发学生“我能行”的自信。学生的潜能具有潜在性、终身性、系统性、模仿性、补偿性以及无定向性等特点。教师不能一味地重视学生成绩的高低而忽视对学生能力的培养，特别是忽视一些学困生身上隐含的潜在能力。在备教法时，更应注重对学生学法的指导、学习意志品质的培养等，要充分挖掘学生的智力潜能和非智力潜能，并据此设计教学环节，让学生能“跳一跳就摘到果子”。

三、备学生的内容及方法

（一）备学生的心理特征

不同年龄段的学生，心理各有其特点。例如小学生的心理特点是好的愿望与心理准备不足、情感与理智的不协调统一、进取心强但自制力弱；初中学生正处在一个身心发展的阶段，有较强的自尊心、自信心和独立思考问题的能力，有充沛的精力和较强的求知欲，但遇困难又易灰心丧气，幼稚与成熟并存，辨别是非的能力较差，易受不良习气的影响；高中生身心发展趋于成熟，知识量增多，社会接触面更广，社会交往更频繁，升学和就业的压力促使他们的社会化进程加速，思维能力更加成熟，认知活动的自觉性明显增强，但由于知识和经验不足，认识问题不准确、不深刻，有时带有片面性。教师只有掌握了这些特征，才能根据不同的教育对象，选择不同的教育方法。

（二）备学生的思想和生活状况

每名学生都有各自不同的生活环境和经历，进而形成了不同的思想观点，这种已有的经历、经验和对待社会的观点，对于学校教育具有深刻的影响。

学生生活在各自的家庭中，家庭成员对学生的成长有十分重要的影响，要对学生进行有针对性的教育，就要了解其家庭成员的情况，包括住址、职业、经济状况、文化程度等，同时应了解其家庭所处的社会环境，分析哪些是教育的有利条件，哪些是不利条件，并适当利用各种有利条件协助教育工作的开展。

学生生活在现实社会中，与社会中的种种现象接触，初步具有了判别是非的能力，随着年龄的增长，这种能力越来越强。他们既能看到社会中光明的一面，体味现实生活的美好，也会看到许多丑陋的社会现象，使他们产生种种不正确的认识，甚至产生种种疑惑。教师不能回避这样的客观现象和问题，必须面对学生的思想实际进行教学，要研究学生的实际状况，既要深入了解不同年级的学生普遍存在的思想倾向，又要了解个别学生的思想问题，并善于区别产生这些问题的不同条件，有针对性地加以教育。

（三）备学生的知识基础

要做到了解学生，首先要了解学生原有的知识基础，这对备好课具有重要的指导作用。在课堂教学中，学生已获得的知识与即将获得的知识是密切相关的，要使学生顺利掌握新知识，就要了解掌握他们对已有相关知识的占有状况。

教师刚接班时，应对全班学生以前的学习情况进行一次调查，对每名学生以前所学知识的掌握情况进行综合研究，并分类登记，注明哪部分知识学生掌握得较差，哪部分知识学生掌握得较好等等。每次单元知识检查后，都要系统地作试卷分析，找出学生存在的以及教师教学存在的问题，明确改进措施。普遍的问题要重点指导，个别的问题要个别辅导。

（四）备学生的能力

在学科教学中，学生的基础学习能力是指在学习过程中独立获取知识的能力，收集、处理信息的能力和动手操作的能力等。素质教育要求学生具备以下六种能力，即合作交往能力、创新能力、选择能力、语言表达能力、抗挫折能力、终身学习能力。教师首先要将这六种能力结合所教年级的实际，制定出应达到的目标，合理地进行备课。

中小学生，特别是中学生，已具备了一定的自学能力，有一定的阅读能力、观察能力、思维能力、分析问题的能力，教师应了解学生的这些能力状况，弄清楚教材中哪些内容学生可以通过自学达到教学目标，对学生能够理解、分析、归纳的内容，教师可以少讲，多给学生提供一些自学机会，对学生不易理解、不能分析的问题要多费些工夫讲授，以培养学生的能力。

（五）备学生的个性差异

备个性差异就是要了解和掌握学生的知识和能力、情感态度和价值观、性格特点等个性的差异状况，进而因材施教，分层教学。

1. 设计课堂教学分层

学生的个性特点的差异是影响学习质量的重要因素。在备课时要因人而异地设计教学环节，做到扬长避短、分类指导。课堂的提问、新旧知识的迁移、新知识的讲解等方面都要针对学生差异，设计不同层次的问题，以使能力较强的学生发展思维能力，中等的学生产生兴趣，能力较差的学生掌握方法。

2. 设计课堂练习分层

练习是将知识转化为能力、将技能转化为熟练活动的过程，是反馈学生掌握知识的重要手段。在课堂教学的过程中，可随时根据学生的情况调整练习。教师可针对本班学生的学习差异，设计三个层次的练习，即基本练习、变式练习、引申练习。通过分层练习，使各类学生学有所收获，调动其学习的主动性。

3. 设计作业分层

作业是检查教学质量及学生掌握知识情况的一种手段。作业的布置不应整齐划一，在掌握各层次学生在本节课的学习效果后，可分层设计作业。将作业分为三组，即基础组、中等组和最佳组。通过设计分层作业，使全体学生能够不同程度地落实新知，培养学习的自信心和兴趣。

（六）备学生可能出现的问题

1. 难懂的问题

教材上的知识内容有些在教师看来似乎很容易，但站在学生的智力水平上来接受这一知识，可能并非如此。因此，教师在备课时要注重换位思考，考虑到学生的智力水平和接受知识的能力，帮助他们实现知识由难到易的转化。

2. 疑虑的问题

课堂上，有时会看到一些学生表情呆板、脸色凝重，这意味着学生的思维不能与教师同步。此时，如果不及时排除学生思维中出现的疑虑，必然会造成其心理上的不和谐，成为学生继续思考和学习的障碍，使思维中断。因此，教师在备课时要细心一些、耐心一些，善于转换到学生的角度来思考这些疑虑，采取相应的措施来加以引导，努力在课堂上消除这种教与学的尴尬。

3. 易错的问题

指导学生作业、批阅试卷时，经常会发现这样或那样的错误。为了不让学生再出现错误，备课时可以特意准备一些学生易错的习题，上课时给学生看，让学生去思考并引以为戒。

四、备学生需注意的问题

（一）分析学生

备学生，就是要了解和掌握学生的基本状况，在此基础上还要分析学生，分析学生的理解能力、接受能力、兴趣点、最近发展状况、思维方式以及思维的广度和深度等等，以采取相应的对策服务于教学。分析学生要与分析教材同步进行，要把备学生与备教材结合起来。

教材只是一个载体，需要师生共同去挖掘，去创造。教学是一个再创造的过程，是对课程的不断发展、不断丰富的过程。因此，教师在备课中，不要就教材“教”教材，而是要利用教材组织各种各样的活动，贴近学生的生活，根据学生的需要进行教学设计。

（二）关注学生

关注学生是教育教学的灵魂。关注学生的学习经验、社会经验、情感体验、成长体验、能力发展、个性差异等等。只有关注学生，教学才显得有意义。

备课中，既要考虑教师围绕教学目标如何教，又要考虑学生如何学；既要关注知识的传授，又要关注学生的情感、态度和价值观。关注学生，以“学”定“教”，为学生设计自主的学习方式：自主探索——关注学生的学习过程；合作交流——关注学生的情感体验；动手实践——关注学生的能力发展。

备学生，这个容易在教师的教育教学活动中被忽视的问题，事实上至关重要！

如何杜绝上课拖堂?

下课铃声已响,教师却置若罔闻,继续"滔滔不绝";学生则心猿意马,或急于去厕所,或赶时间办事,东张西望、窃窃私语……

一、上课拖堂,危害甚重

(一)影响学生的身心健康

中小学生正处于身心的生长发育阶段,玩耍是他们的天性。即使要静,也需动静结合,做到有劳有逸、有张有弛,这是众人皆知的文武之道,岂能不管不顾?本来课间才10分钟,这节课的老师把讲课时间往后延一延,下节课的老师再向前伸一伸,两头这么一夹,还能留给学生多少时间?有时学生连上厕所的空儿都没有了,更不用说休息、活动,为下节课作准备了。长此以往,学生的身心岂能不被拖垮?

(二)影响下一节课的教学

拖堂,使学生的身心没有得到课间的休息和调节,疲劳感重,再加上反感情绪,便会直接影响对下一节课知识的理解和消化。再者说,下一节课的老师已经恭候在教室门口了,上一节的任课老师还没讲完,那接下来一节课的老师还给不给学生上厕所的时间?如果给,那么自然就会挤占本节课的教学时间,完不成教学任务;如果不给,急于上厕所的学生个别进出,再加上两节课连上,又怎能保证教学质量?

(三)辛苦拖堂,劳而无功

拖堂,就是教师觉得还有很重要的问题没有说完或者没有说清楚,而学生对每节课的时间已经形成一种心理定势和生理上的条件反射,下课铃声一响,就有一种自然的放松感,听课的注意力就很难集中,再加上去厕所或办事的急躁情绪,在这样一种课堂氛围中,几乎什么问题学生都不会听得清楚,听得明白。

可以说,拖堂的危害"罄竹难书",除了上述的三点之外,还有如拖堂使值日生快要上课时才能擦黑板，粉笔灰尘污染教室内的空气，影响师生的身体健康；拖堂打破了正常的教学作息时间，进而影响了下节课师生的上课情绪，甚至影响了同一个班级任课老师之间的关系；若学生在课间有许多事情要做，延时下课使他们心急如焚、匆忙处理，很容易造成安全事故；延时放学，使和其他班级学生结伴而行的同学成了孤雁，使得学生害怕，家长担心；拖堂的老师一旦形成了习惯，提高课堂教学效率就成了空话……

二、上课拖堂，原因何在

（一）教学计划不周，准备不充分

一节课40分钟或者45分钟不是凭空而定，而是有科学依据的，因为学生的注意力的集中时间是有限的，在较长的学习时间后必须进行休息和调整。教师在备课时应该考虑到学生的注意力与接受能力，将课堂的时间作一个估算。要对整个的课堂结构安排以及其他影响教学进程的因素进行通盘打算并加以有效控制，要在课堂上随机应变，灵活处理计划中的时间安排。如果计划不周，准备不充分，仅靠课前翻翻书，上课时兴致一来，便沉溺于自我的表演之中，或旁征博引，或信口开河，抓不住重点，随心所欲。结果是该讲的还没讲，不该讲的讲了一大堆，下课铃声一响，只好来个急刹车，然后再匆忙去小结、扣主题、布置作业，学生的课间休息就这样被挤占了。

（二）教学观念陈旧，讲得多练得少

教师的教学方法老一套，走不出“一言堂”的误区。自己多年的“填鸭式”教学模式已成习惯，觉得教改与自己关系不大，还是老一套简单易行，省力又管用。不论教材怎么改，他们总是“以不变，应万变”。他们不相信学生具有独立学习的巨大潜能，不敢把课堂的主动权交给学生。在教学上，越俎代庖，包办一切，学生长期处于被动接受的地位，从而失去了参与课堂活动的积极性。对新课程倡导的“自主、合作、探究”的学习方式不屑一顾，他们之所以这样做，就是因为学生活动少，课堂容易驾驭；因为实施新的教学模式，教师进行教学的难度会明显增加，对教师教学素质的要求会明显提高。

（三）对拖堂的危害认识不足

有的老师认为，拖一下时间可以让学生获得更多的知识，因此，即使没有什么内容可讲，也要将讲过的内容再强调一遍，结果延误了学生的休息时间。殊不知，这种

教师的主观愿望是好的，但学生并不领情，他们对拖堂现象最为反感，有的甚至反应强烈，因为它挤占了他们自由活动的时间。还有的老师认为，学生课间休息太浪费时间，不如多讲点课，久而久之，就形成了拖堂习惯。其实，这些老师忽略了很重要的一点，那就是学生的感受，结果往往一厢情愿，得不偿失。

此外，造成拖堂的原因还有如教学节奏把握得不好，教学计划没法完成，靠拖堂的时间补课；讲课中插入与授课内容无关的话题；不注重实验教学，讲授内容抽象空洞，学生始终觉得晦涩难懂，结果学生疑问多，教师麻烦多，自然耗时费神，等等。

三、上课拖堂，如何杜绝

（一）要充分认识课间 10 分钟的作用

课间 10 分钟是让学生解除紧张、疲劳，放松心情的重要时间，具有承上启下的作用。也就是说，学生在课间能否得到身心的有效放松，是下一节课的听课质量和课堂教学效率的重要保证。同时，课间 10 分钟又可以用来休息眼睛，进行远眺、做眼保健操等活动，进而有效预防近视。

为保证这宝贵的课间 10 分钟的学生活动时间，学校要把它看成是教育教学的一部分严格管理起来，既要管任课教师上课不拖堂，还要管班主任不占用。班主任在处理一些班级事务时，要根据事情的轻重缓急选取多种方式进行。比如，班主任可以将有关通知的内容板书在黑板上，让学生自己抽空阅读；实在需要口头说明或需要全班共同参与的，可以选择学生准备上课前的一两分钟左右的时间进行，等等。另外，班主任在处理问题时，还要注意以不影响学生的下一节课的学习状态为宜。

为保证这宝贵的课间 10 分钟的学生活动时间，学校还要开发和有效利用这段时间，使学生达到最佳的放松状态，如开展课间师生同乐游戏活动、音乐舞蹈活动等等。

（二）教师要转变教育观念，提高自身素质

教育观念决定教育行为。我们在强调应试教育向素质教育的观念转变时，在重视进行素质教育的内容和方法的探索时，似乎很少涉及教育过程中教师对学生在活动和休息时间上的尊重和体谅。教学是教师的“教”和学生的“学”统一互动的活动，教师用自己的休息时间给学生上课，自身怀抱着极大的主动性和积极性的同时，到底能调动学生多少学习上的主动性和积极性呢？其实没有多少，因为教师违背了他们

的意志。

转变教育观念、提高教者自身素质，是根除拖堂现象的主要途径。以新课程的理念为依据，刻苦钻研业务，准确把握教材中的重点和难点，拓宽理论视野，树立“以训练为主线”的课堂教学结构和时间分配的理念，“自主、合作、探究”的学习方法的理念，“向课堂45分钟要质量，切实减轻学生的课业负担”的教学效益的理念，“只要学生通过自学可以学会的知识，教师就不要讲”的教师的“讲”的原则和理念等先进的教育教学观念。在联系生活、探究教法、服务学生方面，多动点脑筋，使整个课堂教学设计在45分钟内既能实现新课程的目标，又能符合学生的身心特点，这样才能让每个学生的素质都得到不同程度的提高。

（三）课堂教学必须要精讲精练

只有课堂上做到了精讲精练，才能保证课堂45分钟教学时间的“省时而高效”，才不至于拖堂。为此，教者要牢记“精讲多练”“精讲精练”的教与练的理念，由“精讲多练”向“精讲精练”过渡的晋级理念，并在实践中贯彻执行。关于这个问题，在前文讲过多次，在此不再赘述。

课间10分钟不仅不能占，还要扩，国内外部分学校实施课间15～20分钟的休息时间，或上午、下午各有一次30分钟左右的“大课间”方式。课间休息活动的地位和作用是“高大”的，它远远超出了我们目前对它的认识，重视的程度不够。

铃声就是命令，犹如战场上的号角，置号角于不顾，就是不服从命令，不服从命令就要军法从事、“教法”从事！

组织学生活动会影响成绩吗?

一、什么是活动

活动是由共同目的联合起来并完成一定社会职能的动作的总和。活动由目的、动机和动作构成,具有完整的结构系统。人的心理、意识是在活动中形成和发展起来的,通过活动,人们认识周围世界,形成人的各种个性品质。

活动的形式有游戏、学习和劳动三种。这三种形式的活动在人们的不同发展阶段起着不同的作用,其中有一种起着主导作用。例如在学龄前,儿童的主导活动是游戏;到了学龄期,游戏活动便逐步被学习活动所取代;到了成人期,劳动便成为主导活动。

活动对青少年的心理发展和个性品质的形成具有特别重要的作用,因为教育是教育者通过有目的、有计划地组织受教育者的活动而实现的。

二、中小学生活动

中小学生活动主要有课内活动和课外活动两种,课内活动即指课堂教学活动,这里主要阐述课外活动。

(一)课外活动的定义、特点和分类

1. 定义

课外活动是指学校在教学计划和教学大纲范围之外对学生实施的各种有计划、有组织的教育活动。课外活动是在课堂教学之外,由学校组织指导或由校外教育机关组织指导的,用以补充课堂教学,实现教育方针要求的一种教育活动,是根据受教育者的需要以及教育教学的需要,在教育者的直接或间接指导下,来实现教育目的的

一种活动。

2. 特点

首先是灵活性。课外活动的开展，可根据学校的实际情况和学生的身心发展状况来确定；也可在学校或校外教育机关的指导下，学生根据自己的兴趣、爱好、特长以及实际的需要，自愿组织、选择和参加。活动规模大小、时间长短、内容选择等都可灵活掌握，没有固定模式。

其次是实践性。通过课外活动，学生有更多直接动手的机会，在其亲自参与、组织、设计的各项实践中，不仅能够获得书本上得不到的实际知识，而且还能使各方面的能力在实践活动中获得发展。

3. 分类

课外活动可分为校内活动和校外活动，二者的区别在于组织指导的不同。校内活动是由学校领导、教师组织指导的活动，校外活动是由校外教育机关组织指导的活动。这里应注意的是，校内活动并不仅仅限于学校范围之内，也可以是在校外组织活动，它与校外活动的区别只是在组织和领导方面的不同。

（二）课外活动的内容

1. 科技活动

科技活动是学习现代科学技术知识，进行如制作科技小发明、制作模型、采集标本、动物小观察、举办科技知识讲座和科学家故事会、科技表演、开展竞赛等科技实践性作业的活动。

科技活动的主要目的是培养学生观察、实验、设计、发明、制作等能力，培养其在某一方面或几方面的兴趣与特长。科技活动内容很广泛，既有科技新知识、新技术，也有科技的基本技术，它的活动范围也很广，以多种内容和形式吸引学生。

科技活动是多层次的，既有面向大多数学生的科普讲座、参观科技发明展览等普及性活动，也有科技小发明、小实验、无线电小组、航模小组等适应有某些特长的学生的专门性活动。

2. 学科活动

学科活动是一种学科性的课外学习和研究活动，一般以某一学科为主题来组织活动，如文学作品讨论会、交流某学科的学习体会的经验交流会等。

学科活动与课堂教学是紧密联系的，它以课堂讲授的知识为基础，是学科中某一领域的拓展，注重学生学科兴趣的培养。活动的内容主要是各学科的知识性作业和对某些专题进行比较深入的探讨与研究。例如，语文可举办书法、朗读、演讲等比赛，开展阅读交流、演课本剧等活动，以提高学生的自学能力和表达能力。数学可举办口算、解题等比赛，开展实际测量、商品调查等活动，以提高计算能力和对现实生活的认识。活动的内容和时间，要结合所设学科的进度和学生的接受能力。活动可由有关教师、校外研究人员或有专长的家长指导，具体准备工作可让学科小组或学生干部负责。

3. 文学艺术活动

文学艺术活动种类很多，包括文学、艺术和娱乐活动，它以寓教于乐，活跃学生的业余文化生活，培养学生的兴趣爱好和发展鉴赏美、表现美、创造美的能力为主要目的，同时可以调剂身心，保证学生可以精神饱满地投入学习和生活。

4. 体育活动

体育活动是课外活动中比较普遍、广泛开展的活动，也是学生比较喜欢参加的活动之一。体育活动以发展学生健康体魄、增强学生的体质、训练和提高运动技能技巧、传授科学的锻炼方法以及提高学生的体育文化修养为目标，根据学生的年龄特点，因地制宜地组织丰富多彩的活动。

5. 社会活动

社会活动是让学生走出学校，接触社会，了解科学技术的发展，了解社会生活、经济建设状况的教育活动，一般包括社会调查、参观、考察、访问以及各种无偿的社会服务和公益劳动等。适当的社会实践活动可以使学生了解民情国情，培养学生热爱祖国、热爱人民的思想情感和社会责任感，提高实际工作的能力和社会适应能力，增强社会意识。

6. 传统的节假日活动

传统的节假日活动，包括在国庆节、儿童节、青年节等举办庆祝活动，举办学校文化节、暑假夏令营等。

（三）课外活动的形式

课外活动形式多样，主要有群众性活动、小组活动和个人活动这几种类别。

1. 群众性活动

群众性活动是由教师、学校等教育机关针对某一年级或某种程度的学生的需要而组织的由多数或全体学生参加的一种带有普及性的活动。其优点是可在较短时间内使更多的学生受到教育，对丰富学生的学校生活有较大的帮助。这种活动有全校性的或校际性的，有全班性的或班际性的。

活动方式主要有：

（1）报告和讲座

报告和讲座是普及科学技术、文化艺术知识和进行思想政治教育常用的一种形式。根据情况和需要，学校可以举行时事、模范人物先进事迹、科普、文艺、纪念日等专题报告。主讲人可以是教师、辅导员，可以是专家、教授，也可以是革命前辈、英雄模范，还可以是高年级或有一定特长的学生。

（2）各种集会

群众性集会能围绕主题迅速而有效地传播知识和思想，形成一定的声势，给学生留下深刻的印象。集会主题多种多样，学校的集会一般有革命假日、传统节日、重大事件，与科学家、作家、英雄模范等的见面会，文史、数理、科技等各种科学晚会，纪念性、知识性、娱乐性的诗歌朗诵会和文艺表演会等。集会的事前准备工作要在不影响学生正常学习的原则下进行，集会的内容、形式要适合学生的身份和年龄，而且不宜过多，不可打乱学校的正常教学秩序。

（3）各种比赛

比赛是利用学生的好胜心和竞争意识，激发其学习兴趣的活动，目的是开发智力，发展能力。比赛内容有体育、学科、智力、书法、科技表演等。比赛活动可以是全校性的、班级性的或小团体性的，也可以是校际性的。比赛活动最能引发学生的积极性，培养集体荣誉感和奋发向上的精神。

（4）参观、访问、调查、旅行

参观革命圣地、工厂、农村、博物馆等，可以增加学生的感性知识；访问专家、学者、英雄、模范等，可以激发学生的上进心；调查社会民情、建设成就以及各项改革成果等，可以锻炼学生的动手实践能力和写作能力；游览名胜古迹、名山大川等，可以陶冶学生性情，培养学生热爱祖国大好河山的感情。这些活动能使学生增长见识和才干，扩展阅历，陶冶情操，使之在潜移默化中得到现实的、生动的教育。

（5）社会公益活动

参加宣传交通安全、美化环境、帮助孤寡病残、校园绿化、校舍设备维修、整理图书等社会公益活动，是实施教育与生产劳动相结合的一种方式。在节假日和课余时间，组织学生到工厂、农村、部队、商场等去参加社会服务能使学生扩大与社会、群众的接触面，树立为社会尽职尽责的思想，养成良好的劳动习惯。

（6）墙报和黑板报

墙报和黑板报是学校的重要宣传工具，也是学生练习写作、汇报课内课外生活的园地。办好墙报和黑板报，可以形成正确的公共舆论，促进学生努力学习，发挥其创造才能。

2. 小组活动

（1）学科小组

学科小组的活动内容与课堂教学的联系最为密切，但不是课堂教学的简单重复，也不一定限于教学大纲范围以内，而是课堂教学内容的巩固、强化、拓展和延伸。学科小组是按照学科性质来划分的，如文学小组、数学小组、物理小组、化学小组、生产小组、历史小组、地理小组、天文小组、音乐小组、绘画小组等。

（2）技术小组

技术小组是以实践作业为主的兴趣小组。技术小组活动对发展学生的兴趣爱好、培养科技队伍的后备力量具有重要作用。活动的内容和形式要结合国民经济发展的需要，结合本校本地区的实际情况，因地制宜。

技术小组的主要任务是提高学生对技术活动的兴趣并使学生掌握一定的科学技术知识，培养其实际操作能力。技术小组一般按专业来组织，如无线电、电工、化工、原子能、火箭、航空模型、电脑、天文、气象、栽培、饲养小组等。

（3）艺术小组

艺术小组以练习、排演、创作等实践为主，辅之以观摩、欣赏等活动，以使学生获得审美知识，树立正确的审美观念，培养对艺术的兴趣和创作才能。艺术小组包括音乐、舞蹈、曲艺、乐器、戏剧、绘画、雕刻小组等。

（4）体育小组

体育小组是将对体育活动有特别兴趣和爱好的学生组织起来进行体育技巧训练的组织。体育小组一方面可以锻炼身体，增进健康，另一方面又满足了学生对某项运动的爱好，可以提高其运动成绩。体育小组可分为田径队、体操队、篮球队、足球队、排球队等。

（5）读书小组

将有浓厚阅读兴趣并有一定阅读基础的学生组织起来，开展读书交流、展示，举办阅读竞赛等活动，以满足学生对各方面知识的需要，并提高他们的综合素质和能力。

3. 个人活动

个人活动是学生在课外单独进行的活动，它往往与小组或群众性活动相结合，由小组或班级分配任务，根据个人的兴趣、才能单独进行活动。

主要内容有阅读书籍，写读书笔记，进行观察或小实验，采集制作标本，唱歌，体育锻炼，小发明、小制作、小论文、小改革等。其作用是充分发挥学生的积极性和创造性，丰富课余生活，培养独立工作的能力。

个人活动是课外活动的基础，组织和指导好学生的个人活动，是课外活动不可忽视的环节。

三、成绩

成绩是指学生学习的收获，在目前的教育体制下，通常是指学生的考试分数。学生学习成绩不理想，一方面的原因是不会学习，不会学习就是没有把握好构成学习行为的环节和秩序。环节是针对“点”的事情，如预习、听课、作业、复习、考试、改错、检查等任何一个环节没有做好，都会对学习效果产生不利的影响。秩序是针对“线”的事情，如做作业先要复习回顾，后要检查订正等。秩序混乱或不科学，学习就会费时而低效。学生需要通过“点”和“线”的完美结合来提高学业成绩。

另一方面的原因是非智力因素的影响，即指人的需要、兴趣、情感、意志、信心、自尊心等心理因素的影响。在学习过程中，非智力因素具有动力、定向维持、强化等一系列重要作用，决定着学习者的积极性的程度和水平。缺乏这种基本的元素，任何良好的教学方法都难以收到预期的效果。

除上述两点之外，还有的学者把影响学习成绩的原因归结为目标、兴趣、自信、毅力、学习习惯、记忆力、学习技巧、考试技巧等八大因素。

四、成就

成就是成材、成器，是指一个人在事业上作出了一定的成绩、一定的贡献。获得较大成就的人，往往具有自觉追求自己认定的目标，遇到重大挫折也毫不动摇，在成功面前保持冷静和自控等特点。

成就与成功有时一致，但又不尽相同。成功是指获得了预期结果。成功有时可以依赖别人，而成就则全靠自己。世俗的成功相对易得，而丰硕的成就却要苦其心志，劳其筋骨；成功往往是一时一事的，成就却永久而普遍；成功可成为生时炫耀的资本，成就的辉煌死后也万世放光；成功可能很卑劣，成就却无不高尚。

五、课外活动与成绩以及成就的关系

（一）课外活动与成绩

1. 活动比成绩更重要

放眼世界教育大趋势，中国式的唯分数标准是不会走得太久太远的。用分数来衡量孩子的成长，结果是完全忽略了成长，使教育沦落为分数的附庸。

2001年，教育部连续发了两个文件强调，“实施以培养创新精神和实践能力为重点的素质教育”；“改变过于注重书本知识的现状，加强课程内容与学生生活以及现代社会和科技发展的联系，关注学生的学习兴趣和经验”；“倡导学生主动参与、乐于探究、勤于动手，培养学生搜集和处理信息的能力、获取新知识的能力、分析和解决问题的能力以及交流与合作的能力”。

2010年颁发的《国家中长期教育改革和发展规划纲要》进一步指出，当前我国“教育观念相对落后，内容方法比较陈旧，中小学生课业负担过重，素质教育推进困难；学生适应社会和就业创业能力不强，创新型、实用型、复合型人才紧缺”。这一切都说明，中国教育的发展方向要从单纯的应试教育走向素质教育。

在美国，要想进入一流大学，光是成绩好不行，多才多艺和拥有特殊课外活动能力的学生更受青睐。北京一个高考理科状元，申请了美国11所名校，竟被全部拒录；一个国内高考落榜的男孩，却因多才多艺被美国排名第一的哈佛大学录取。分数以外的“活动”，对于孩子的成长来说更重要。

2. 课外活动可提高学习效率与成绩

有许多人认为，参与课外活动会影响学习成绩。其实则不然，有研究发现，学校课外活动的多少与学生学习记忆效率的高低有着十分紧密的联系。学习效率高、成绩好的学生，其活动量也明显多于学习成绩差的学生。反之，让学习差的学生活动量增加，学习效率也可明显提升。此外，活动量多的学生成绩往往要好于活动量少的学生。

课外活动和课堂教学互相促进。开展积极健康的课外活动，可以使课堂教学得到延伸，培养学生良好的行为习惯，提高学生的思想道德水平，同时又可反作用于课堂教学，提高学习效率与成绩，进而形成良性循环。

要使学生懂得，学习成绩的提高并不是每天都要抱着一本书来啃或是整天投入到题海战役当中，而是要学会放松自己，劳逸结合，课内和课外结合。

（二）课外活动与成就

1. 活动激发兴趣

托尔斯泰曾指出：“成功的教学所需要的不是强制，而是激发学生的兴趣。”

兴趣是最好的老师，也是入门的向导。活动的本质特征是个体的主动参与，假如没有兴趣，学生就不会主动参与。活动的过程是活动主体的个性创造力展示和发展的过程，是令人愉悦和饶有兴趣的过程。通过活动，学生的创造力、潜能、天赋、审美鉴赏能力、个性等得以充分表现，并凝聚在活动过程和活动结果中；通过活动，可以丰富和发展学生的个性潜能、资质和素养，进而激发对某些知识的进一步学习、探究的兴趣。

人的兴趣既是在学习、活动中发生和发展起来的，又是认识和从事活动的巨大动力。这种良性的循环，引领人们不断探索新事物。

2. 兴趣产生成就

一个人能有成就，首先是因为他对那件事有兴趣。有人总结世界上数百名诺贝尔奖获得者的成功因素，其中之一就是他们对所研究的科学事业有浓厚的兴趣。

兴趣是人追求完美事物的一种本能。兴趣是一个人对客体的选择性态度，是在需要的基础上形成的，这种需要有生理方面的和心理方面的。当需要得到满足时，就产生情绪的快感，这种选择性态度，称为兴趣。兴趣随年龄的增长有所变化。积极的兴趣能丰富人的知识，开发智力；广泛的兴趣能开阔眼界，使人知识丰富；长期稳定的兴趣，能促使人勇于探索，深入思维，爆发出创造性的智慧！

达尔文小时候对生物有兴趣，后来参加了贝格尔舰的环球考察。五年后，他定居伦敦郊外，潜心研究采挖回来的生物标本。20 年后的 1859 年出版了《物种起源》，提出了进化论。对于达尔文而言，是目标和毅力巩固和延伸了他的兴趣。可见，要取得成就，还得将它转化为不达目的决不罢休的毅力。

这样的好成绩为什么不能要?

一、教学案例及案例探微

(一)教学案例

1. 单科均分和各科总分不相匹配的问题描述

一所初中的一位教龄十几年的教师任教两个普通班级的主要学科,对比历次考试成绩,他所任班主任的班级与另一个班级的平均分相比,差距总是在八九分左右。而平均分低的班级,一般情况下总分在年级前十名的有两三人左右,平均分高的班级总分在年级前十名的却几乎没有。

2. 领导批评不良现象后的效果阐释

一次期末考试,这两个班级的平均分又差了10多分,校长终于认识到了这个问题的严重性,在总结会上严肃地批评了这种现象。接下来的一段时间,这种现象似乎得到了有效控制。

(二)案例探微

1. 案例中的这位教师怎样控制两个平行班平均分的悬殊差距,结果如何?他的做法是与另一位班级的班主任,也教主要学科的教师组成了合作伙伴,两人利用班主任的权威交叉在本班抓另一位教师的学科成绩。这一招还真见效,差距确实缩小了,合作伙伴所教学科的成绩也有了提高,虽然案例中的这位教师的学科成绩仍然独占鳌头。

到最后,两个班的中考状况是:案例中的这位教师所任班主任的班级,所教学科的A+者不少,但总分高者几乎没有;与他合作的教师所任班主任的班级,原来还有总分高者,但自从合作之后也出现了同样状况,即所教学科的A+者不少,但总分高者几乎没有。

2. 案例中的这位教师是如何使自己所教学科的成绩居高不下的？首先他具有天生的管理优势，那就是性格比较暴躁，发起飙来令人毛骨悚然，所以管理就强势。

其次，他采用了如下多种提高成绩的方式方法：

(1) 说服学生及其家长，让学生课外统统到补习机构去补习自己所教学科的课程。

(2) 利用自习、班会、音乐、美术、心理、思品等一切可以挤占、可以利用的时间进行自己所教学科的教学。

此两招，在时间上为学生学好自己所教的学科奠定了坚实的基础，既抓住了学校的时间，又抓住了校外的时间。

(3) 不完成自己所教学科的作业不能上其他学科的课，到办公室或在走廊里补自己所教学科的作业。

(4) 每天必须首先完成自己所教学科的作业，并尽量在学校完成，其次再完成合作伙伴所教学科的作业，最后完成其他学科的作业。

(5) 三两天一小考，两三周一大考。大考试要占用其他科目的早读时间，从 7:40 考到第一节下课的 9:10，共 90 分钟。

(6) 学生 7:20 到校，比其他班级早 30 分钟。多出的这段时间是小组长辅导组员的时间，小组长为了能够教好组员和轻松回答组员的询问，要天天认真备课。

(7) 每学期必上几次公开课，每次都是让学生讲课。教师会提前两三天开始辅导学生像老师一样备课、讲课。

二、 教学案例引发的思考

小事情影响大格局。这个案例绝不是个案，全国各地的每所学校都有不同程度的存在。

无论是教师还是管理教师的学校、教育行政部门都应正确区分、认识、调控、处理好这个案例中所涉及的问题，这对于我们的小教育乃至大教育都具有重要的现实意义和深远的历史意义。

（一）从教学案例看师德的缺失

此类案例中的部分主角，可能还没有意识到自己为了提高学生的学习成绩犯了什么错误，更对呕心沥血之后还被扣上“师德有问题”的帽子百思不得其解。殊不知“物极必反”，这种为了达到一定目的的不择手段，一般都会适得其反。因为从教师个人的眼前利益上看，可能是损人利己，但从教育的发展前景看，一定是损人也不利己的。

1. 这类教师是急于求成的激进者

“激进”的词典解释是“急于变革和进取”。这类教师一般都是积极要求进步的人，希望靠“成绩”这个看得见摸得着的“硬实力”来改变自己的境遇，改变人们对自己的看法，进而达到升迁、晋职晋级等目的。

为了达到这个目的，他们不惜使用一切手段，付出一切代价。为此，教学花样不断翻新，教学手段不断强化，管理力度不断加强，时间越抓越紧，几乎无孔不入，可谓无所不用其极。

2. 这类教师是目光短浅的自私自利者

他们做事只顾自己，不顾别人，只顾眼前，不顾将来，小家子气甚重，无全局和长远观念，是个极端利己者。他们把学生当成了捞取自己资本的工具，不是一切为了学生的发展，而是一切为了自己的发展；不是为了各个学科的协调发展，而是一切为了自己学科的发展。

3. 这类教师是以权谋私的典范

对于这类人，假如没有深入细致的思考和分析，倒也说不出个什么所以然来，只是觉得他们这种不择手段的方式方法有点不对头，有点不规范，甚至有点不道德。认真地思考分析之后，就会豁然开朗：原来这是利用班主任管理的“职权”、性格特点中的“强权”、年轻人接受新事物快并灵活多变的“主动权”等已有“权力”来为自己捞取利益。

（二）从教学案例看教学管理需要重视的问题

1. 关注成绩背后的故事

案例中的教育教学方式方法具有很强的欺骗性、迷惑性和破坏力，害人害己，误人子弟。同时又具有很强的隐蔽性，不易被发现而及时得到有效遏制。因为对于学生来说，有些学生的成绩确实得到了提高，而且通过成绩的提高、给其他学生讲课的自我价值的实现等获得了成就感，对该科目也产生了浓厚的兴趣，只是对其他科目降低或失去了兴趣。

对于家长来说，我的孩子该科成绩提高了，并对此产生了浓厚的情趣，这就是好老师，只是不晓得此类教师已剥夺了孩子学习其他科目的时间和兴趣。

对于教师来说，教学成绩高，自然值得敬佩，值得学习，只是不知“此起彼都落”的个中原因。一部分人虽然看出了破绽，但怕被别人说“羡慕嫉妒恨”，碍于情面不好意思道破。

对于领导来说，这类教师积极要求进步，积极改变课堂教学方法，成绩又好，自然要大力支持、弘扬、重用甚至是提拔。只是不知这种人越强，对学校的总体教学的破坏力就越大；这种人的单科成绩越高，各科总分就会越低，学生的偏科程度就会越高。

2. 追求省时高效的目标

“谁能做到教学时间最少，作业又最少，成绩还不差，谁就懂得了教学的真谛，谁就是高手。”这是我经常对教师说的话。其实这句话强调的核心内容就是教学要追求省时高效的目标。案例中的教师只知道不择手段抢占时间来提高成绩，尚不知道教育要追求的崇高目标是省时高效。

3. 贯彻落实全面发展的教育观

教育的全面发展观，不仅仅体现在德智体美劳要均衡全面发展，还要体现在各个学科间的协调均衡发展，基础教育的中小学更应如此。特长不是偏科，而是全面发展，学有特长。现代社会需要的是高水平的复合型人才。

要实现学科均衡发展，关键在于教师的教学思想及行为，要呼唤集体主义精神。苏联著名教育家马卡连科说：“凡是教师没有集合成一个集体的地方，凡是集体没有统一的工作计划，没有一致的步调，没有一致的准确地对待儿童的方法的地方，那里就不会有任何的教育过程。”

促进学生全面发展，这个综合性任务不是某一个教师可以完成的，需要许多教师协调一致，集思广益，共同施加影响。因此，教师之间团结互助、互相尊重、互相协作是顺利进行教育工作的重要保证，是实施创新教育和素质教育的前提，是培养全面发展的高素质人才的需要。

4. 教学管理要精细化

（1）加强以班主任为核心的班级教学的精细化管理

一个班级的任课教师就是一所学校里最基本的教学组织单位，这个组织应在班主任协调下，互相配合，互通信息。由班主任牵头统一科学安排学习时间和学习任务，要兼顾各学科，按科目在中高考中的分数比重合理调节。班主任要及时了解学生动向和需求，认真分析每个学生的学习情况，主动将学生的情况向科任老师介绍，以便科任老师根据不同学生的不同特点因材施教。尤其要关注历次测试总分靠前的学生的薄弱学科，督促、提示和帮助任课教师拟定帮补措施。

实现各学科的均衡发展，是培养学生全面发展的需要，也是衡量一个班主任工作好坏的重要指标，班主任要努力实现这一目标，以培养更多适应社会需要的全面发展的人才。

(2) 加强学校教学的精细化管理

学校领导要善于通过学生和教师了解教学状况，关注“成绩”“成果”背后的故事；善于向“特殊现象”询问“为什么”，以便及时准确地校正教学中的偏差乃至错误行为，调整教学管理策略；切不可被“成绩”一叶障目，切不可采取“不管黑猫白猫，抓住耗子就是好猫”的管理策略。

在备课方面，要因人而异并形成系列要求和规范，总体上要贯彻“青年严，讲规范；中年宽，讲创意；老年放，讲人性”的原则。

在课堂教学方面，要坚决贯彻执行“精讲多练，精讲精练，追求省时高效目标”的大政方针，并制订具体实施细则。课堂教学和自学时间要统一要求，协调管理，还师生以更多辅导和自学的时间。

在家庭作业方面，先控制量，再控制质，提倡课堂完成或基本完成家庭作业的方式方法。要制订诸如《作业质和量的标准》《作业设计与批阅制度》《作业的检查反馈制度》《班级各科作业每日统计、公示、上报制度》《学校作业检查评比、展览公示、通报制度》等规章制度；要从作业的设计、数量、质量、难易难度、层次梯度、批改要求等各环节加以规范；要做到目标明确，要求具体，定期检查、评估、反馈；要通过对作业管理的深化、细化，促进教师教学观念和行为的转变，提高作业的针对性、有效性，以加快教学改革的步伐。

家校联教，手段如何更新重实效？

目前学校老师和家长合作教育的方式是什么呢？试卷、作业让家长签字是最通行的做法，效果如何？总体说，并不理想。因为重量不重质，只要学生完成了，家长就签字。此种情况，在小学高年级学生、初中学生的家长中表现尤甚。有的家长工作忙，无暇顾及孩子学习；学历低，能力差，不足以辅导孩子学习；不认真负责，敷衍了事。长此以往，形式单调的家长签字还会使学生形成一种对作业的依赖感，不利于自理、自立能力的培养，同时也加重了家长的工作负担。正因为这种家校联教的手段存在种种弊端，所以，教育行政部门及许多学校明确规定禁止这种做法。

我认为，家校联教，手段要更新重实效。这个“实效”的标准就是有利于孩子学习成绩的提高，有利于孩子的全面发展和素质的提高。为达到这个“实效”的目标，方式、手段要不拘一格，要推陈出新。

一、不能取消家长签字，但要变换方法

“家长签字”不能不要，但不能天天要、科科要。例如，阶段性的测试卷，不仅要签字，还要帮助学生总结经验教训；不仅要讲给学生听，还要写给老师看。另外，老师要和家长沟通，明确不同类型、习惯的孩子要采用不同的“家长签字”手段：对于学习习惯好的同学可以不签或少签；对于粗心的孩子，发现作业有错不要直接告诉孩子，而是提醒他自己再检查，直到查出问题后才签；对于基础差的孩子，要考一考，合格后再签；对于学习不专心、坐姿不正确、有抄袭现象等不良习惯的孩子，要监督矫正后再签。切忌不分青红皂白，见到完成任务就签字。

二、办好家长学校

帮助家长学习教育规律、掌握科学的教育方法是家长学校的办学目标。教育者必须先受教育。学校要定时举办心理学、教育学、卫生学等讲座，开展“该如何正确地面对孩子的考试成绩?”“孩子失败了该如何帮助他?”“如何帮助孩子确立学习目标?”等专题讨论，让家长懂得教育子女的科学方法和技巧，成为一个有知识、有技能的“家长老师”。讲座、讨论过后要布置一定量的作业，下次上课要总结作业状况，交流、推广好的家庭教育方式。

丰富多彩的活动是使家长学校具有生命力的关键。学校不应单纯地采用听专家报告、学习教育法律法规等上课方式，还要采取诸如组织家长到先进单位学习，请家长谈经验体会，观看家庭教育故事的视频或影片，读家庭教育的精彩文章，学一招试做一招的活动，写心得和体会并组织讨论和交流，评选优秀家长等多种形式的学习方式，想方设法地激发家长参与家长学校活动的热情和兴趣，让他们在各种喜闻乐见的学习交流活动中得到锻炼，进而成长为新型的称职的家长，为孩子的终身发展打下良好的家教基础。

三、广开言路，家校频繁互动

公布家校专用联络电话，并保证联络的畅通，学校要有专人负责接听家长的电话，并做好记录；能解决的要及时解决，不能当时解决的要及时报请有关人员解决，并及时反馈，做好记录。要建立、健全家长委员会制度。学校拟定家长委员会委员候选人，并公布名单及推荐理由，然后采取差额选举的方式，经家长会议选举通过。要使每位家长知道选举的结果以及委员的联系方式。每学期至少要召开一次会议，提交家长对学校工作的意见和建议，共同研究解决问题的方法和措施，共同研究学校的工作计划及总结等。对重大事件的决策，也要征求他们的意见，以促使家长们具有参与学校管理的热情。学校对家长的意见和建议要及时反馈，对学校发展有益的，要尽力照办，不适合学校发展要求的，要作出相关的解释。

敞开学校的大门，让家长参与学校的教育教学活动。如每月确定一天为家长开放日，这一天，家长可以任意选听教师的课，听完课后和任课教师交流，为学校、为教师、为学生留下他们的点评意见；每月安排一次家访活动，了解每个孩子的家庭状况，对特困生给予特别的帮助；每学期一两次邀请家长代表来校参与早晨的升旗仪式活动并讲话，让家长感受学校的教育氛围，共同参与教育活动；学校开展重大活动，要邀请家长代表来一同参与，让他们感觉到家长也是学校的管理者、参与者、实践者，是学校的主人，而不是学校的客人，不管是师生还是家长，都是教育屋檐下的一家人！

四、给家长布置作业

例如，每学期让孩子当一次家，尽量让他们尝试着去做大人的事情，让他们购物或料理家务等，让他们体验当家人的责任和艰辛。每个月和孩子一起读一本他们喜欢的读物，然后进行读物心得体会的交流，并留下较为详细的记录。每周抽出一定时间和孩子一起玩一个他们喜欢的游戏或运动项目，让家长也能找到重新回到青少年的感觉。每天抽出十分钟时间和孩子一起了解国内外新闻，可以看“新闻联播”或者读报纸，然后互相交流自己对新闻事件的看法。每学年参加一次“家教征文”活动，写出自己的家教心得体会以及经验、教训和困惑，和其他家长们交流。学校每学期向家长推荐或者家长自己选择一两篇有关家庭教育的文章来读，并写出心得体会。家长作业不能布置过多或设计得过于复杂，要根据家长的不同能力和素质而有所区别，体现层次性。